Differenzierte Logicals

Lesen, rätseln, kombinieren

Klasse 2–4

Ricarda Dransmann | Svenja Sölter

Verlag an der Ruhr

Impressum

Titel
Differenzierte Logicals, Klasse 2–4
Lesen, rätseln, kombinieren

Autorinnen
Ricarda Dransmann, Svenja Sölter

Titelbildmotiv
Mädchen: © stanfram | i-Stock, Junge: © sheldunov | i-Stock

Illustrationen
Anja Boretzki

Druck
Heenemann GmbH & Co. KG, Berlin, DE

Verlag an der Ruhr
Mülheim an der Ruhr
www.verlagruhr.de

Geeignet für die Klassen 2–4

Urheberrechtlicher Hinweis
Das Werk und seine Teile sind urheberrechtlich geschützt. Jede Verwendung in anderen als den gesetzlich zugelassenen Fällen oder außerhalb dieser Bedingungen bedarf der vorherigen schriftlichen Einwilligung des Verlages. Im Werk vorhandene Kopiervorlagen dürfen vervielfältigt werden, allerdings nur für Schüler*innen der eigenen Klasse/des eigenen Kurses. Die dazu notwendigen Informationen (Buchtitel, Verlag und Autorinnen) haben wir für Sie als Service bereits mit eingedruckt. Diese Angaben dürfen weder verändert noch entfernt werden. Die Weitergabe von Kopiervorlagen oder Kopien (auch von Ihnen veränderte) an Kolleg*innen, Eltern oder Schüler*innen anderer Klassen/Kurse ist nicht gestattet.

Der Verlag untersagt ausdrücklich das Herstellen von digitalen Kopien, das digitale Speichern und Zurverfügungstellen dieser Materialien in Netzwerken (das gilt auch für Intranets von Schulen und sonstigen Bildungseinrichtungen), per E-Mail, Internet oder sonstigen elektronischen Medien außerhalb der gesetzlichen Grenzen. Kein Verleih. Keine gewerbliche Nutzung.

Näheres zu unseren Lizenzbedingungen können Sie unter www.verlagruhr.de/lizenzbedingungen/ nachlesen.

Bitte beachten Sie zusätzlich die Informationen unter www.schulbuchkopie.de.

Soweit in diesem Produkt Personen fotografisch abgebildet sind und ihnen von der Redaktion fiktive Namen, Berufe, Dialoge u. Ä. zugeordnet oder diese Personen in bestimmte Kontexte gesetzt werden, dienen diese Zuordnungen und Darstellungen ausschließlich der Veranschaulichung und dem besseren Verständnis des Inhalts.

© Verlag an der Ruhr 2018, Nachdruck 2022
ISBN 978-3-8346-3787-1

Inhaltsverzeichnis

Vorwort .... S. 4

Kapitel 1

Klebe-Logicals .... S. 5

So löst du ein Klebe-Logical .... S. 6

	leicht	schwer
Haustiere	S. 7	S. 8
Obst	S. 9	S. 10
Schulsachen	S. 11	S. 12
Fahrzeuge	S. 13	S. 14
Kleidung	S. 15	S. 16
Möbel	S. 17	S. 18
Gemüse	S. 19	S. 20

Kapitel 2

Lausch-Logicals ..... S. 21

So löst du ein Lausch-Logical .... S. 22

	Vorlesetext	leicht+schwer
Haustiere	S. 24	S. 25
Obst	S. 26	S. 27
Schulsachen	S. 28	S. 29
Fahrzeuge	S. 30	S. 31
Kleidung	S. 32	S. 33
Möbel	S. 34	S. 35
Gemüse	S. 36	S. 37

Kapitel 3

Tabellen-Logicals ...... S. 39

So löst du ein Tabellen-Logical ...... S. 40

	leicht	schwer
Haustiere	S. 41	S. 42
Obst	S. 43	S. 44
Schulsachen	S. 45	S. 46
Fahrzeuge	S. 47	S. 48
Kleidung	S. 49	S. 50
Möbel	S. 51	S. 52
Gemüse	S. 53	S. 54

Kapitel 4

Ausmal-Logicals ...... S. 55

So löst du ein Ausmal-Logical .... S. 56

	leicht	schwer
Haustiere	S. 57	S. 58
Obst	S. 59	S. 60
Schulsachen	S. 61	S. 62
Fahrzeuge	S. 63	S. 64
Kleidung	S. 65	S. 66
Möbel	S. 67	S. 68
Pizza	S. 69	S. 70

LÖSUNGEN .... S. 71

Vorwort

Logicals im Unterricht

„Ist doch logisch!"
Logicals sind nichts anderes als Rätsel, die durch logische Schlussfolgerungen zu lösen sind. Eigentlich logisch. Doch Logicals haben es häufig in sich, denn sie erfordern Geschick, Konzentration und natürlich auch den Willen, sich kniffeligen Aufgaben zu stellen. Zudem gilt das Motto:
Übung macht den Meister!

Es wird immer wieder Schüler* geben, die solche Aufgaben lieben. Natürlich wird es auch die Gruppe geben, die, wenn sie nur den Begriff hört, den Kopf am liebsten in den Sand stecken würde.
Starten Sie mit Logicals demnach behutsam und achten Sie darauf, dass jedes Kind, seinen Fähigkeiten entsprechend, versorgt wird. Sie als Lehrkraft entscheiden, welchen Schwierigkeitsgrad Sie in welcher Klassenstufe zum Einsatz bringen wollen. Als **Differenzierungsmöglichkeit** bieten wir Ihnen zwei Schwierigkeitsstufen an, die sich in der Anzahl der Aussagen, der Anzahl der Abbildungen und in der Komplexität der zu verarbeitenden Informationen unterscheiden:

 einfach    komplex

(Die Icons sind jeweils rechts oben auf den Arbeitsblättern zu finden).

Der Vorbereitungsaufwand bei Logicals ist sehr gering. Kopieren und fertig.

Sollten Sie daran Interesse haben, Logicals fest in den **Unterrichtsalltag** zu integrieren, so können die Rätsel z. B. im Wochenplan Einzug halten. Es empfiehlt sich zudem, für jeden Schüler eine **Logical-Mappe** anzulegen. Die Bearbeitung kann zudem in Vertretungsstunden, in Freiarbeitsphasen oder „langweiligen" Regenpausen stattfinden.

Unsere Logicals sind **ab Klasse 2** einsetzbar, sofern die Schüler über eine **grundlegende Lesefähigkeit** verfügen. Kenntnisse über die **Lagebeziehungen** (rechts, links, oben und unten, diagonal) sind Voraussetzung für die erfolgreiche Bearbeitung. Weitere **Begrifflichkeiten**, wie Reihe, Spalte oder Zeile, sollten ebenfalls noch einmal besprochen bzw. wiederholt werden!

Folgende **Varianten** von Logicals stehen Ihnen in diesem Band zur Verfügung:

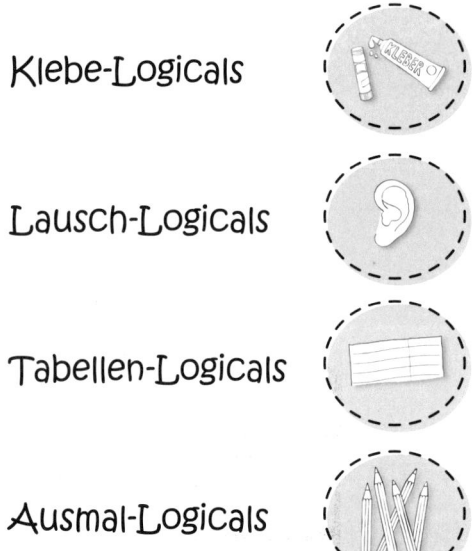

Klebe-Logicals

Lausch-Logicals

Tabellen-Logicals

Ausmal-Logicals

Aus unserer Erfahrung heraus empfehlen wir, mit den Klebe-Logicals zu beginnen. Die weitere Auflistung der Logical-Varianten entspricht ungefähr der Steigerung des Schwierigkeitsgrades.

Um den Schülern den Lösungsweg zu konkretisieren sowie die Lust auf mehr zu steigern, bieten wir Ihnen zu jeder Logical-Variante ein Beispiel an, das Sie mit den Schülern zuvor besprechen können. Die Lösungen (S. 71 ff.) erleichtern Ihnen die Nachbesprechung.

Bevor Sie die Kopien fleißig in der Klasse verteilen, tauchen Sie doch selbst einmal in die Logical-Welt ab!

Viel Spaß beim Rätseln
wünschen

Ricarda Dransmann & Svenja Sölter

---

* *Aus Gründen der besseren Lesbarkeit haben wir in diesem Buch durchgehend die männliche Form verwendet. Natürlich sind damit auch immer Frauen und Mädchen gemeint, also Lehrerinnen, Schülerinnen etc.*

Kapitel 1

Klebe-Logicals

So löst du ein Klebe-Logical!

→ Schaue dir die Bilder genau an.
→ Lies dir alle Sätze aufmerksam durch.
→ Schneide alle Bilder aus und lege sie gut sichtbar vor dich hin.
→ Lies erneut die Sätze.
→ Lege schrittweise die Bilder auf das richtige Feld.
→ Hake Sätze ab, die du bearbeitet hast.
→ Verändere die Position der Bilder, wenn nötig.
→ Klebe zum Schluss (!) alle Bilder auf.

Wichtig: Du kannst nicht nur nach der Reihenfolge vorgehen!

Beispiel Fahrzeuge

① Der Hubschrauber steht neben dem Zug.
② Der Hubschrauber steht nicht außen.
③ Das Auto steht außen.
④ Das Schiff steht zwischen dem Hubschrauber und dem Auto.
⑤ Der Zug steht nicht neben dem Auto.
⑥ Das Schiff steht nicht außen.
⑦ Ganz rechts steht das Auto.

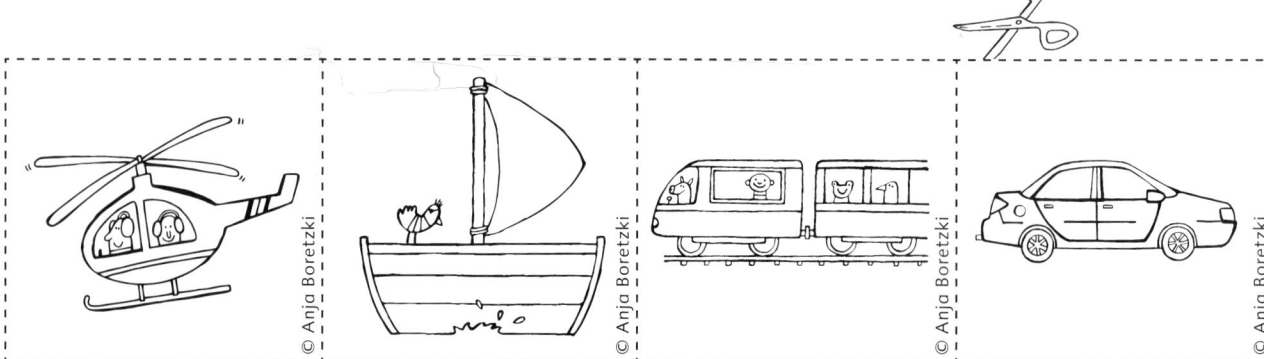

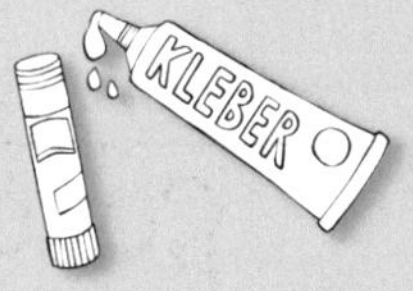

Haustiere

1. Der Hase ist am Rand zu finden.
2. Der Hund ist kein Nachbar der Maus.
3. Die Katze findest du neben dem Hund.
4. Der Hase steht neben der Maus.
5. Die Maus befindet sich neben der Katze.
6. Rechts außen findest du den Hund.
7. Die Katze und die Maus haben je zwei Nachbarn.

Haustiere

1. Die Maus ist in der oberen Reihe nicht am Rand zu finden.
2. Der Hamster befindet sich in der unteren Reihe ganz links.
3. In der oberen Reihe ist der Hund kein Nachbar der Maus.
4. Die Katze findest du neben dem Hund in der oberen Reihe.
5. Der Hase steht in der oberen Reihe neben der Maus.
6. Der Vogel steht rechts neben dem Hamster.
7. In der oberen Reihe befindet sich die Maus neben der Katze.
8. Rechts außen findest du den Hund in der oberen Reihe.
9. Unter dem Hund befindet sich der Fisch.
10. In der oberen Reihe haben die Katze und die Maus je zwei Nachbarn.
11. Die Schildkröte ist unter der Katze.

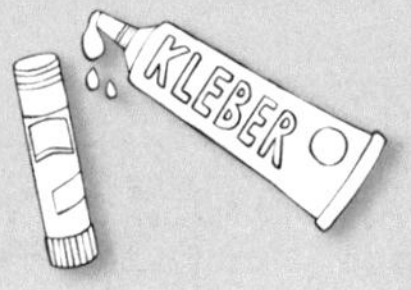

Obst

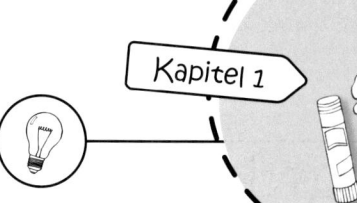

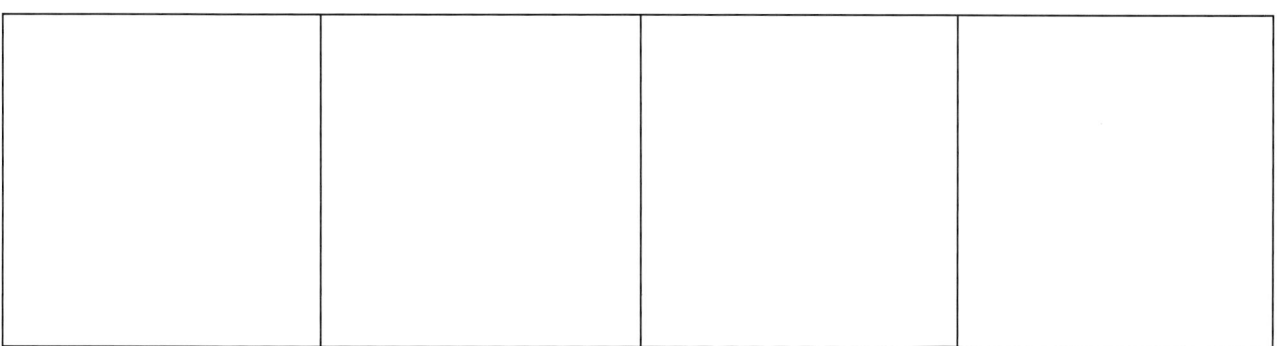

1. Der Apfel ist zwischen der Banane und der Erdbeere.
2. Die Banane liegt neben der Birne.
3. Die Erdbeere liegt ganz links.
4. Der Apfel liegt nicht neben der Birne.
5. Die Erdbeere liegt nicht neben der Banane.
6. Die Banane liegt rechts vom Apfel.
7. Die Birne liegt nicht in der Nähe der Erdbeere.

Obst

Kapitel 1

① Der Apfel ist zwischen der Banane und der Erdbeere in der oberen Reihe.
② Die Banane liegt neben der Birne in der oberen Reihe.
③ In der oberen Reihe liegt die Erdbeere links.
④ Unter der Erdbeere liegt die Kirsche.
⑤ Der Apfel liegt in der oberen Reihe nicht neben der Birne.
⑥ Neben der Kirsche liegt die Kiwi.
⑦ Die Erdbeere liegt nicht neben der Banane in der oberen Reihe.
⑧ Die Banane liegt rechts vom Apfel in der oberen Reihe.
⑨ In der unteren Reihe liegt die Pflaume ganz rechts.
⑩ Die Birne liegt nicht in der Nähe der Erdbeere.
⑪ Unter der Banane liegt die Ananas.

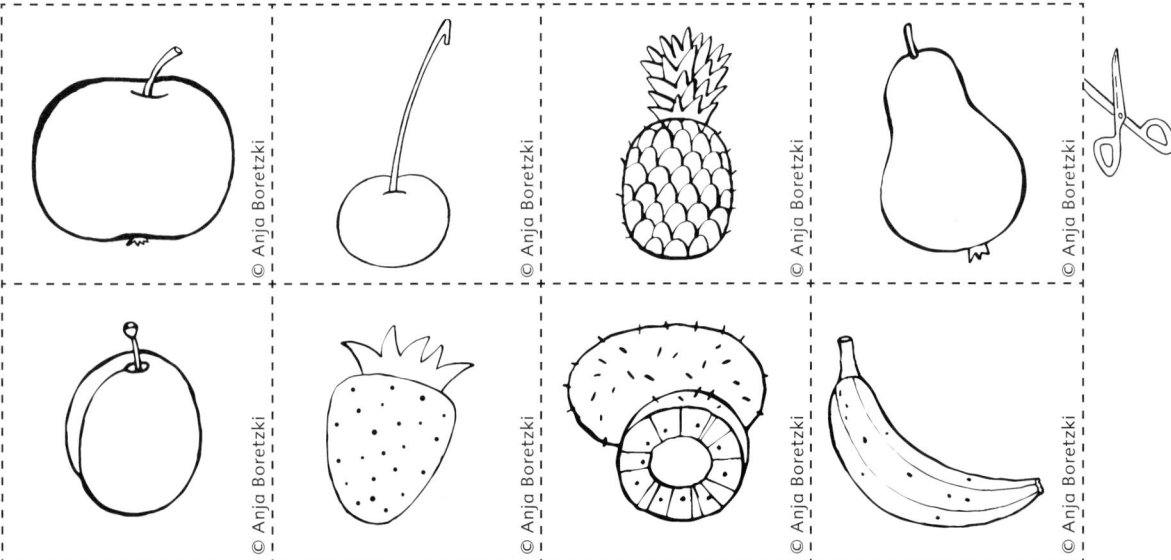

Schulsachen

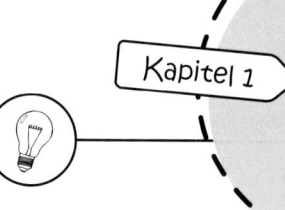

1. Die Schere liegt neben dem Lineal.
2. Die Schere liegt nicht außen.
3. Der Radiergummi liegt außen.
4. Der Anspitzer liegt neben der Schere und dem Radiergummi.
5. Das Lineal liegt außen.
6. Der Anspitzer liegt nicht außen.
7. Ganz rechts liegt der Radiergummi.

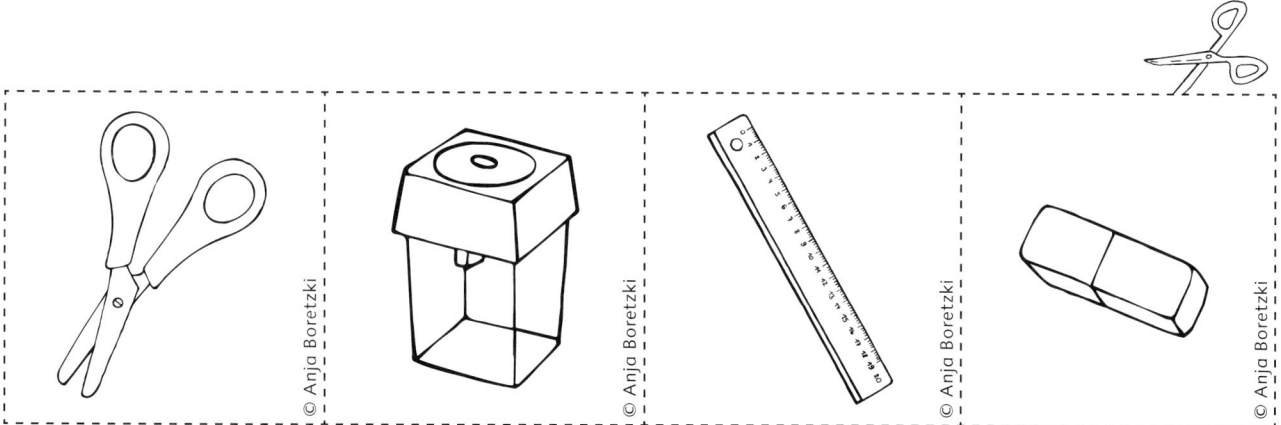

Schulsachen

① Die Schere liegt neben dem Lineal.
② Die Schere liegt in der oberen Reihe nicht außen.
③ In der oberen Reihe liegt der Radiergummi außen.
④ Über dem Bleistift liegt die Schere.
⑤ Der Anspitzer liegt zwischen der Schere und dem Radiergummi.
⑥ Bleistift und Füller liegen in der unteren Reihe nebeneinander.
⑦ Das Lineal liegt nicht neben dem Radiergummi, aber über dem Zirkel.
⑧ Der Anspitzer liegt nicht außen.
⑨ Ganz rechts liegt der Radiergummi.
⑩ Unter dem Radiergummi liegt der Kleber.

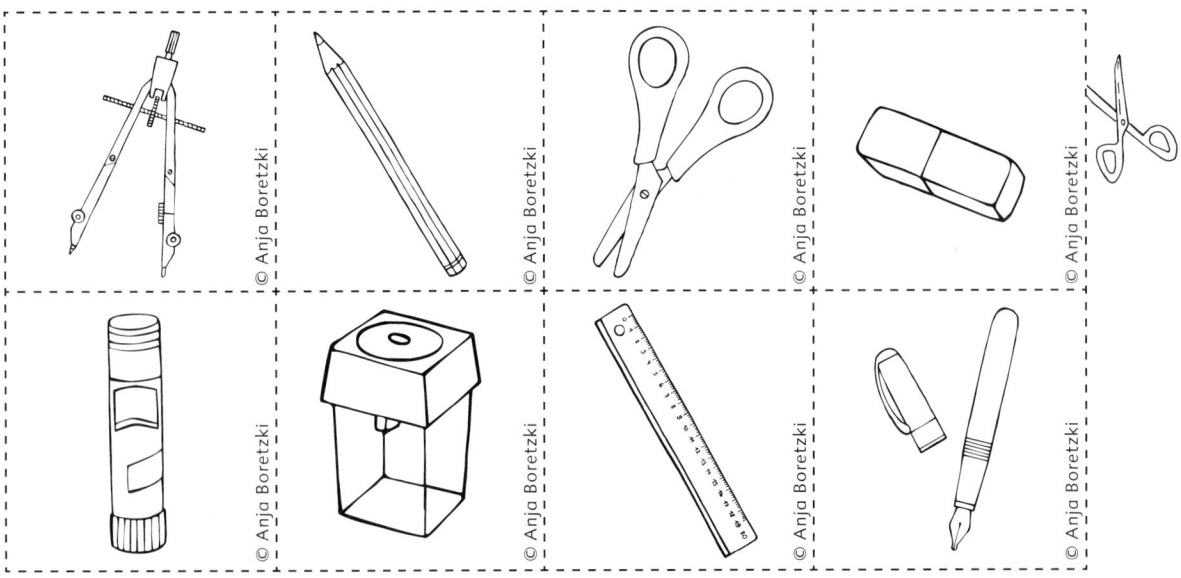

Fahrzeuge

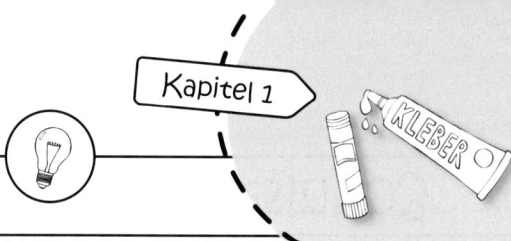

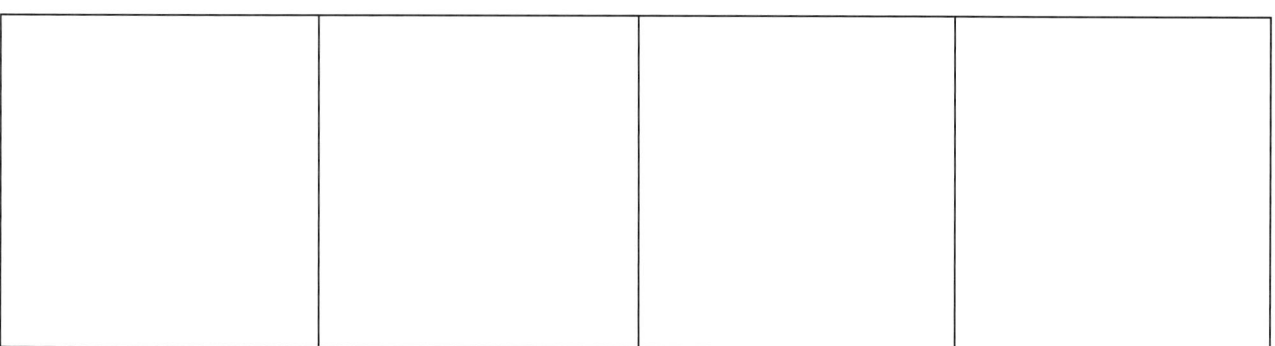

1. Das Auto findest du zwischen dem Fahrrad und dem Flugzeug.
2. Das Fahrrad steht nicht außen.
3. Das Schiff steht nicht neben dem Auto.
4. Das Fahrrad steht neben dem Schiff.
5. Das Schiff ist ganz rechts zu finden.
6. Das Flugzeug ist außen.
7. Das Schiff und das Flugzeug sind keine Nachbarn.

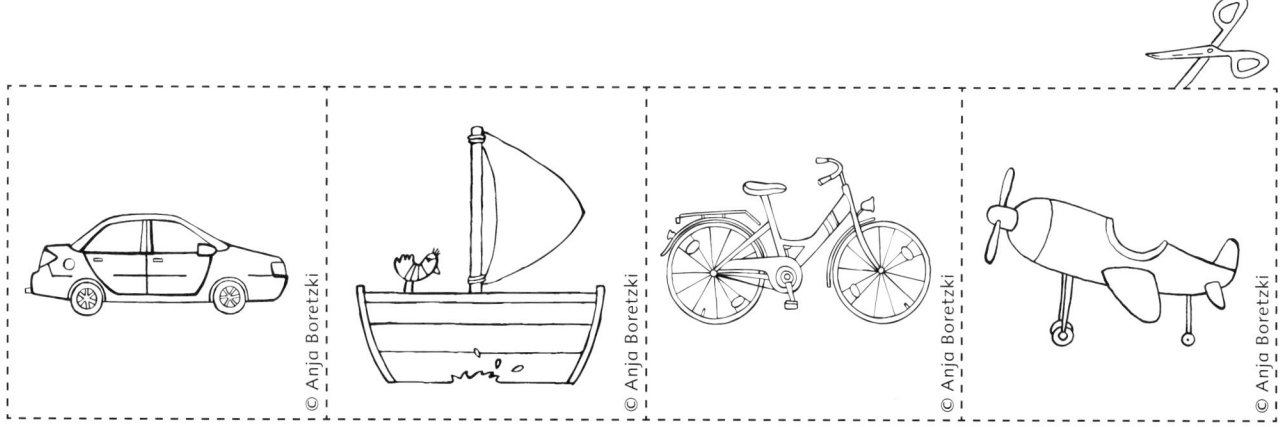

Fahrzeuge

1. Das Auto findest du zwischen dem Fahrrad und dem Flugzeug.
2. Das Fahrrad steht in der oberen Reihe nicht außen.
3. Das Schiff steht nicht neben dem Auto.
4. Das Fahrrad steht neben dem Schiff.
5. Unter dem Fahrrad steht die Straßenbahn.
6. Das Schiff ist ganz rechts zu finden.
7. Darunter steht ein Fahrzeug, mit dem manche Schüler zur Schule kommen.
8. Das Flugzeug ist außen.
9. Das Schiff und das Flugzeug sind keine Nachbarn.
10. Das Flugzeug steht über einem Fahrzeug, das von Bauern benutzt wird.
11. Rechts neben dem Traktor steht das Motorrad.

Kleidung

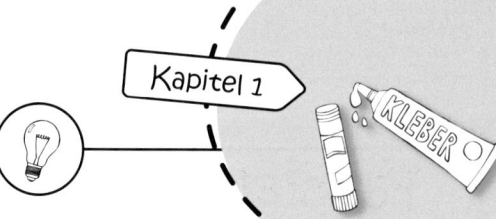

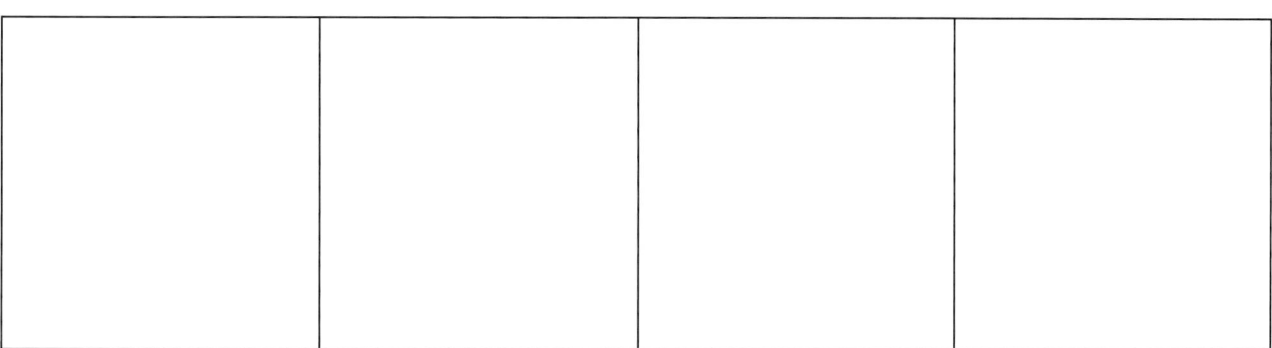

1. Zwischen Pullover und Rock liegt die Hose.
2. Die Schuhe findest du außen.
3. Die Schuhe sind nicht links zu finden.
4. Der Pullover liegt nicht neben dem Rock.
5. Der Pullover ist weit von den Schuhen entfernt.
6. Der Rock liegt zwischen der Hose und den Schuhen.
7. Die Hose liegt nicht außen.

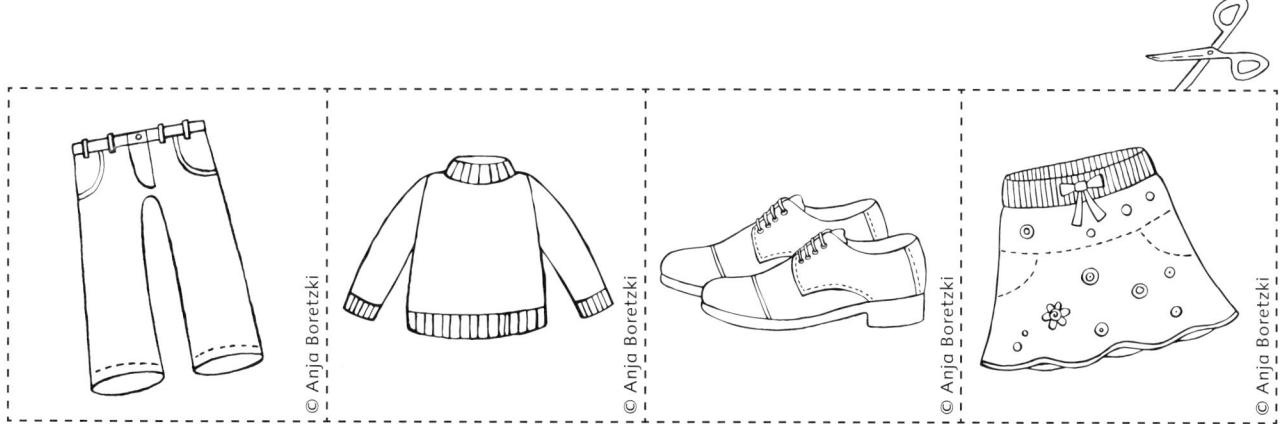

Kleidung

1. Die Socken sind in der unteren Reihe weit vom Kleid entfernt.
2. In der oberen Reihe liegt zwischen Pullover und Rock die Hose.
3. Die Schuhe findest du in der oberen Reihe ganz außen.
4. Der Pullover ist weit von den Schuhen entfernt.
5. Der Rock liegt zwischen der Hose und den Schuhen.
6. Die Hose liegt nicht außen.
7. Die Schuhe sind nicht links zu finden.
8. Unter den Schuhen liegt das Kleid.
9. Der Pullover liegt nicht neben dem Rock.
10. Neben dem Kleid liegt die Shorts.
11. Rechts von den Socken liegt das T-Shirt.

Möbel

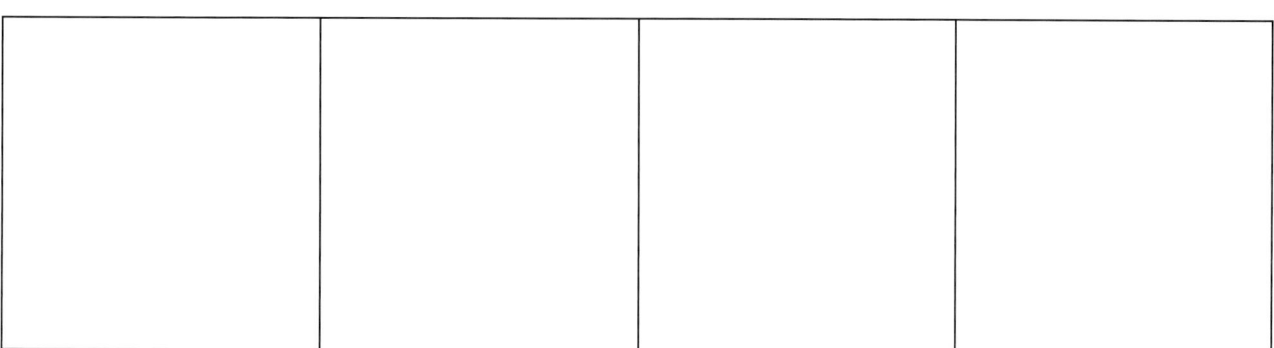

1. Die Sitzmöglichkeiten stehen jeweils außen.
2. Der Tisch steht zwischen dem Stuhl und dem Bett.
3. Das Bett steht neben dem Sofa.
4. Das Sofa ist nicht links zu finden.
5. Der Tisch steht nicht neben dem Sofa.
6. Ganz links steht der Stuhl.
7. Das Sofa ist nicht in der Nähe des Tisches.

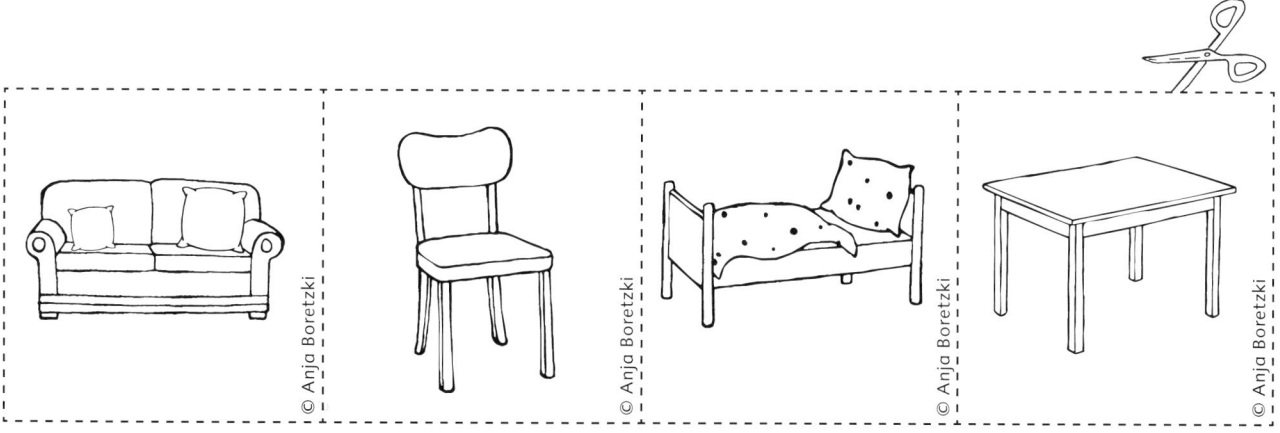

Möbel

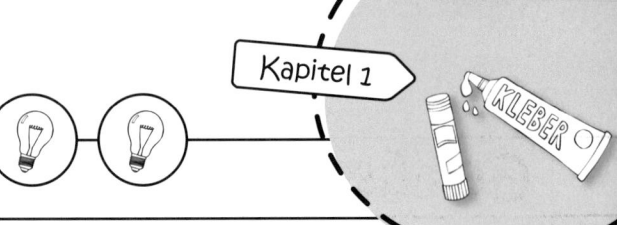

① Unter dem Tisch steht der Schreibtisch.
② Die Sitzmöglichkeiten stehen in der oberen Reihe jeweils außen.
③ Zwischen dem Schreibtisch und der Lampe steht das Regal.
④ Der Tisch steht zwischen dem Stuhl und dem Bett.
⑤ Unter dem Stuhl steht der Schrank.
⑥ In der oberen Reihe steht das Bett neben dem Sofa.
⑦ Das Sofa ist nicht links zu finden.
⑧ Der Tisch steht nicht neben dem Sofa.
⑨ Links steht der Stuhl.
⑩ Weit vom Schrank entfernt, aber in derselben Reihe, steht die Lampe.
⑪ Das Sofa steht nicht neben dem Tisch.

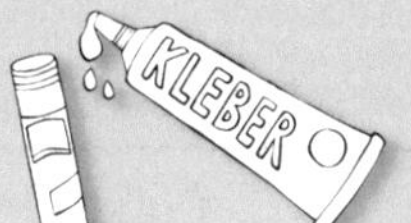

Gemüse

1. Im ersten Kästchen links findest du die Gurke.
2. Daneben liegt nicht der Blumenkohl.
3. Die Möhre ist neben dem Radieschen zu finden.
4. Das Radieschen liegt nicht außen.
5. Der Blumenkohl hat nur einen Nachbarn.
6. Die Möhre ist nah bei dem Radieschen.
7. Das Radieschen findest du zwischen dem Blumenkohl und der Möhre.

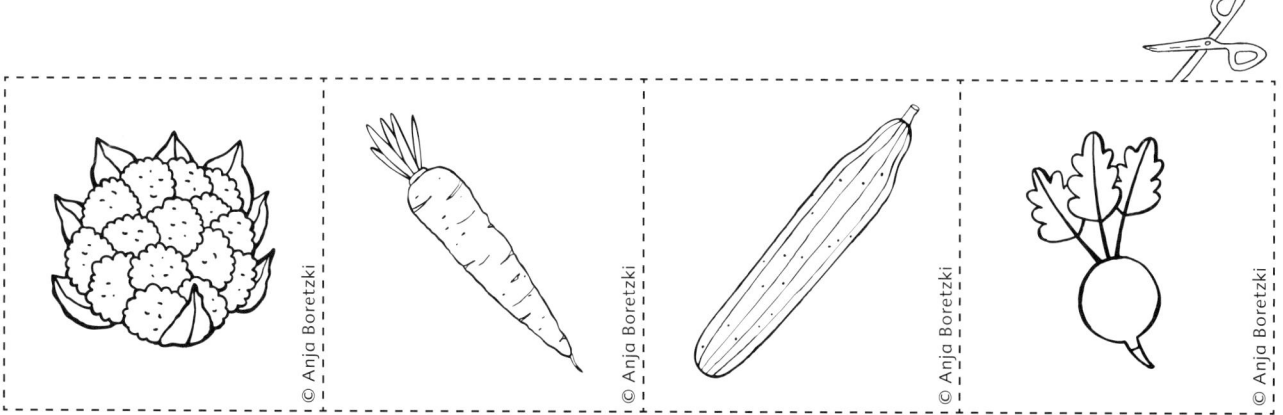

Gemüse

① Weit von der Gurke entfernt liegt der Salat in der unteren Reihe.
② Im ersten Kästchen oben links findest du die Tomaten.
③ Daneben, aber dennoch in der oberen Reihe liegt nicht der Blumenkohl.
④ Die Möhre ist über der Paprika.
⑤ Neben der Paprika liegt die Gurke.
⑥ In der oberen Reihe ist die Möhre neben dem Radieschen zu finden.
⑦ Das Radieschen liegt nicht außen.
⑧ Das Radieschen findest du zwischen dem Blumenkohl und der Möhre.
⑨ Unter dem Radieschen liegt die Kartoffel.
⑩ Der Blumenkohl hat nur einen Nachbarn.

Kapitel 2

Lausch-Logicals

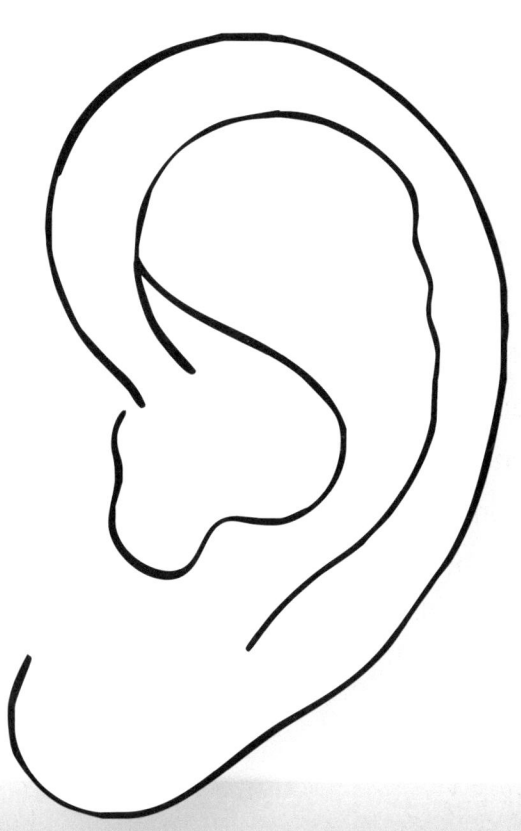

So löst du ein Lausch-Logical! 1/2

Kapitel 2

→ Schaue dir die Bilder genau an.
→ Schneide alle Bilder aus und lege sie gut sichtbar vor dich hin.
→ Lausche dem Vorleser.
→ Lege schrittweise die Bilder an die richtige Stelle.
→ Verändere die Position der Bilder, wenn nötig.
→ Klebe zum Schluss (!) alle Bilder auf.

Wichtig:
Du kannst nicht nur nach der Reihenfolge vorgehen!

Beispiel-Vorlesetext *Haustiere*

Vorlesetext

Der Hamster gehört in die Mitte.
Das Tier über dem Hamster hat Fell.
Unter dem Hamster schleicht eine Katze.
Das Tier in der linken, oberen Ecke hat einen Panzer.
Darunter gehört das Tier mit den langen Ohren.
In der unteren Reihe befinden sich die Maus, die Katze und der Fisch.
Unter dem Hasen sitzt die Maus.
Der Hamster gehört zwischen den Hasen und den Hund.
Über dem Hund ist ein Tier, das fliegen kann.
Das Tier unten rechts in der Ecke schwimmt im Wasser.
Das Meerschweinchen sitzt zwischen der Schildkröte und dem Vogel.

So löst du ein Lausch-Logical! 2/2

Kapitel 2

Beispiel Haustiere

Haustiere

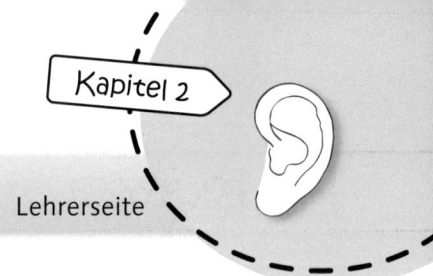

Lehrerseite

Vorlesetext

Überall schnurrt, bellt und fiept es. Viele Menschen haben Haustiere,
denn Tiere sind treue Wegbegleiter.
Das Tier in der linken oberen Ecke ist ein Hund.
Darunter gehört das Tier, dem das Geräusch „Miau" zugeordnet werden kann.
In der unteren Reihe befinden sich die Schildkröte, der Hamster und die Maus.
Der Hase gehört in die Mitte.
Unter dem Hasen sitzt die Maus.
Rechts neben der Maus befindet sich der Hamster.
Über dem Hamster sitzt das Tier, das trotz seines Namens nicht im Meer lebt.
Über dem Hasen befindet sich ein Tier, das nur im Wasser überleben kann.
Daneben sitzt das Tier, das fliegen kann.

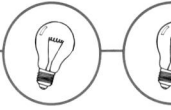

Vorlesetext

Überall schnurrt, bellt und fiept es. Viele Menschen haben Haustiere,
denn Tiere sind treue Wegbegleiter.
Das beliebteste Haustier der Deutschen ist die Katze.
Sie befindet sich in der linken Spalte in der Mitte.
Darüber gehört das zweitliebste Haustier der Deutschen. Das Tier bellt.
In der unteren Reihe befinden sich die Maus, die Schildkröte und der Hamster.
Neben den Hund gehört das Tier, das ausschließlich im Wasser überleben kann.
Es anzufassen, ist sehr schwierig, da es sehr glitschig ist.
Darunter gehört das Tier mit den langen Ohren, gefolgt von dem Tier
mit dem langen Schwanz.
Der Vogel sitzt gemütlich in der oberen rechten Ecke.
Diagonal dazu, also in der unteren linken Ecke, ist die Schildkröte.
Man unterscheidet heute über 340 Arten von Schildkröten.
Manche Schildkröten leben im Süßwasser, andere im Meer.
Das Meerschweinchen hingegen braucht nur Wasser zum Trinken.
Natürlich ohne Salz. Es sitzt gemütlich unter dem Vogel.

Differenzierte Logicals · Klasse 2–4
Lesen, rätseln, kombinieren

Haustiere

Kapitel 2

Obst

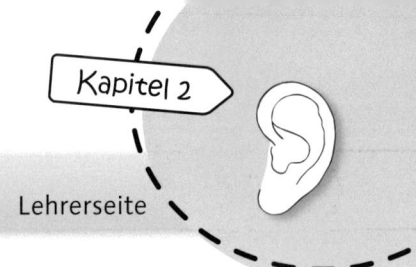

Lehrerseite

Vorlesetext

Viele Menschen essen Obst, weil es sehr gesund ist.
In der Mitte befindet sich die Erdbeere.
Über der Erdbeere befindet sich die Frucht, die eine grüne Schale,
ein rotes Fruchtfleisch und viele schwarze Kerne hat.
Neben der Melone liegen die Obstsorten Apfel und Ananas.
Unter der Ananas befindet sich die Birne.
Somit liegt die Birne rechts von der Erdbeere.
Die Banane liegt ebenfalls neben der Erdbeere.
Unter der Banane findest du die Pflaume.
Über den Trauben liegt die Birne.
Die Nachbarn der Kiwi sind Pflaume und Trauben.

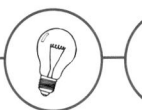 

Vorlesetext

Viele Menschen essen Obst, weil es sehr gesund ist.
In der Mitte befindet sich die Erdbeere. Die Erdbeere gehört zur Gattung der Nüsse,
wegen ihrer kleinen Punkte auf der Außenseite.
Über der Erdbeere befindet sich die Frucht, die eine grüne Schale, ein rotes
Fruchtfleisch und viele schwarze Kerne hat.
Neben der Melone liegen zwei Obstsorten, die beide mit dem Buchstaben A
beginnen.
Neben der Erdbeere hingegen liegen Früchte mit dem Anfangsbuchstaben B.
Jeweils außen sowie untereinander liegen links Apfel und Banane sowie
rechts Ananas und Birne.
In der unteren Reihe befinden sich die Obstsorten Kiwi, Pflaume und Trauben.
Da auch die Kiwi schwarze Punkte hat, befindet sie sich in derselben Spalte
wie die Melone. Kiwi ist nicht nur eine Frucht, sondern auch ein Vogel,
der nicht fliegen kann. Er lebt in Neuseeland.
Die rechte Spalte ist gefüllt mit den Früchten Ananas,
Birne und Trauben.

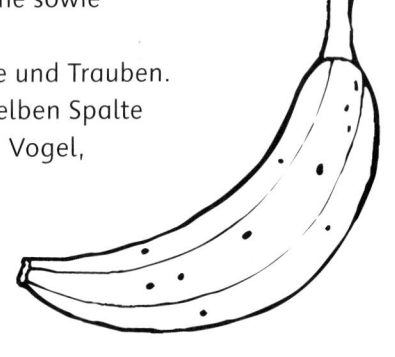

Differenzierte Logicals · Klasse 2–4
Lesen, rätseln, kombinieren

Obst

Kapitel 2

Schulsachen

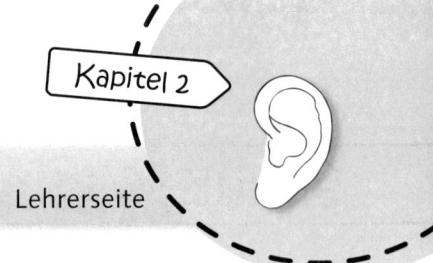

Kapitel 2

Lehrerseite

Vorlesetext

Wer ohne Schulsachen in die Schule kommt, kann nicht arbeiten,
denn man braucht sie, um z. B. zu schreiben, zu schneiden oder zu kleben.
Damit du ordentlich schreiben kannst, benötigst du einen gut funktionierenden Füller.
Dieser befindet sich rechts unten.
Manchmal musst du auch etwas unterstreichen. Das Lineal befindet sich über dem Füller.
In der mittleren Spalte befindet sich unten der Anspitzer.
Über dem Anspitzer liegt die Federmappe. Eine Spitze ist auch beim Zirkel wichtig,
um ihn sauber aufs Papier zu setzen. Der Zirkel befindet sich in der linken oberen Ecke.
Im Feld unter dem Zirkel befindet sich der Kleber. Meistens musst du jedoch
noch etwas ausschneiden, bevor du klebst. Dafür benötigst du eine Schere.
Die Schere liegt über dem Lineal.
Zur Aufbewahrung deiner Schulsachen hast du einen Schulranzen.
Dieser liegt zwischen dem Zirkel und der Schere.
Der Bleistift ist in der unteren Ecke.

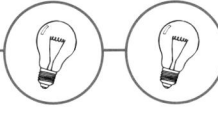

Vorlesetext

Wer ohne Schulsachen in die Schule kommt, kann nicht arbeiten,
denn man braucht sie, um z. B. zu schreiben, zu schneiden oder zu kleben.
Damit du ordentlich schreiben kannst, benötigst du einen gut funktionierenden Füller.
Dieser befindet sich rechts unten.
Manchmal musst du auch etwas unterstreichen. Diesen Gegenstand findest du
über dem Füller.
In Deutschland begannen die Fabrikanten 1871 mit der Produktion von Füllfederhaltern.
Direkt neben dem Füller befindet sich das Werkzeug, mit dem du Stifte anspitzen kannst.
Eine Spitze ist auch bei einem Werkzeug aus dem Mathematikunterricht wichtig.
Dieses liegt in der oberen Reihe, gemeinsam mit einem Schulranzen und einer Schere.
Diagonal zu dem Füller liegt der Zirkel.
Der Schulranzen befindet sich in der zweiten Spalte.
Genauso wie die Federmappe.
Über dem Bleistift liegt der Kleber.

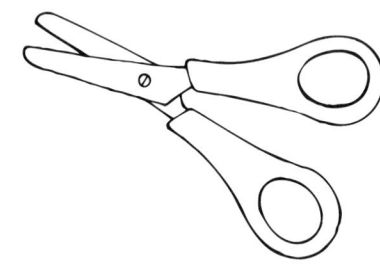

Schulsachen

ISBN 978-3-8346-3787-1 | www.verlagruhr.de

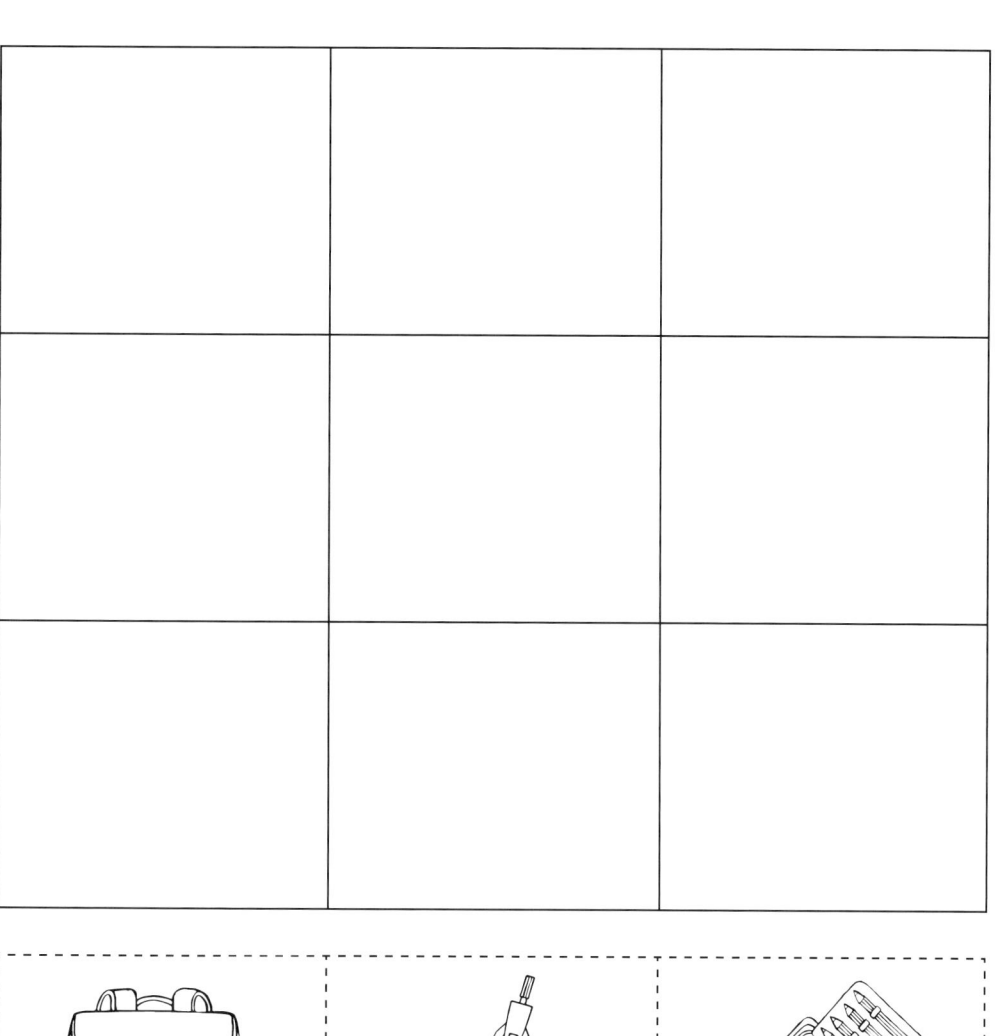

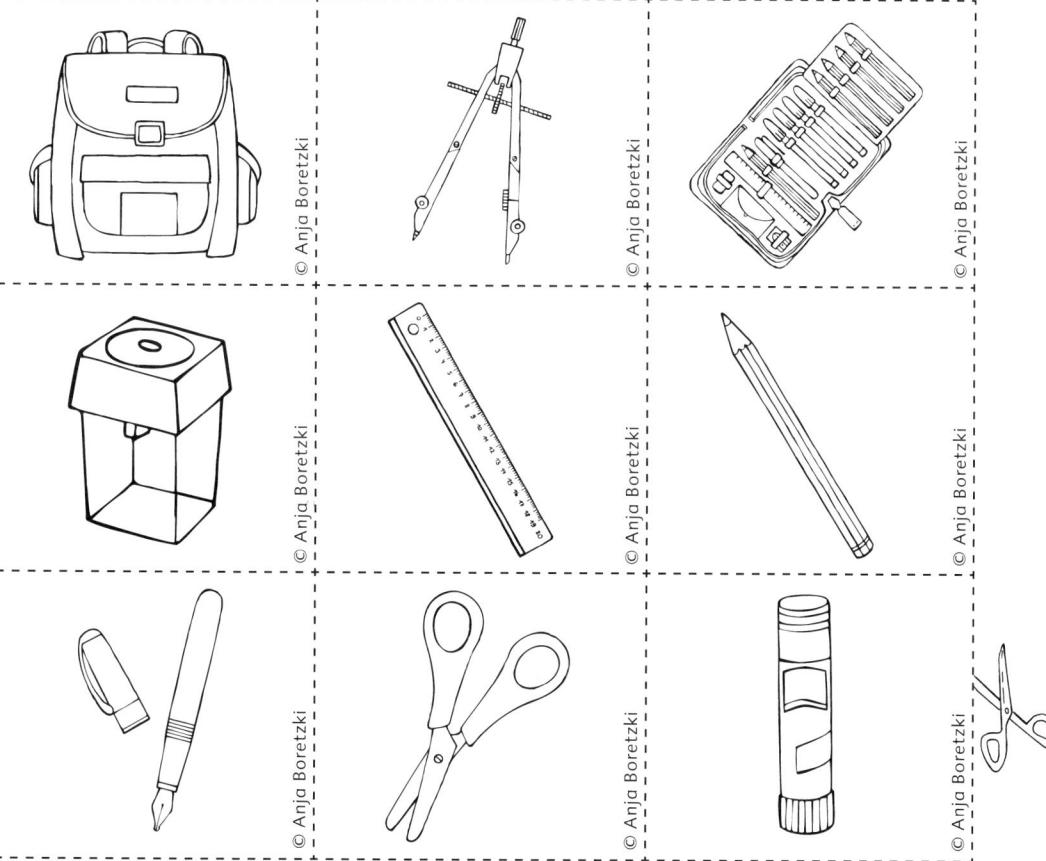

Fahrzeuge

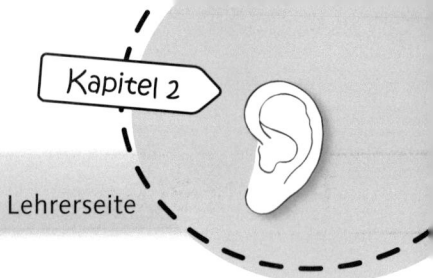

Kapitel 2

Lehrerseite

Vorlesetext

Fahrzeuge benötigen wir, um uns fortzubewegen.
Manche Fahrzeuge haben keine Räder, manche zwei, manche drei, manche vier.
Das Fahrrad hat zwei Räder und befindet sich in der Mitte.
In derselben Reihe befinden sich die Straßenbahn und der Bus.
Der Bus ist in der rechten Spalte.
Über dem Bus befindet sich ein Fahrzeug mit vier Rädern, das häufig
von Bauern zur Feldarbeit genutzt wird. Daneben liegt das Schiff.
Es gibt auch noch eine andere Möglichkeit, Wasser zu überqueren,
nämlich mit dem Flugzeug. Es befindet sich unten links.
Über dem Flugzeug ist die Straßenbahn.
Manche Kinder fahren mit dem Roller zur Schule.
Er ist in derselben Spalte wie der Bus.
Diagonal zum Roller befindet sich in der oberen Ecke das Motorrad.
Wohin gehört der Zug?

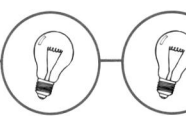

Vorlesetext

Fahrzeuge benötigen wir, um uns fortzubewegen.
Manche Fahrzeuge haben keine Räder, manche zwei, manche drei, manche vier.
Das Fahrrad hat zwei Räder und befindet sich in der Mitte.
Einen wichtigen Schritt in der Weiterentwicklung zum heutigen Fahrrad machte
John Boyd Dunlop 1888. Er erfand den Luftreifen.
Diagonal dazu befinden sich weitere Fahrzeuge mit zwei Rädern.
Eins davon, das auch Kinder fahren dürfen, befindet sich in der unteren Reihe.
In derselben Reihe befinden sich der Zug und das Flugzeug.
Unter das Motorrad gehört die Straßenbahn.
Ebenfalls auf Schienen unterwegs ist ein Fahrzeug, das unter dem Fahrrad liegt.
Um Wasser überqueren zu können, nimmt man entweder das Flugzeug oder das Schiff.
Das Fahrzeug, das bei der Überquerung mit Wasser in Kontakt kommt,
befindet sich zwischen dem Traktor und dem Motorrad.
Wohin gehört der Bus?

Differenzierte Logicals · Klasse 2–4
Lesen, rätseln, kombinieren

Fahrzeuge

Kapitel 2

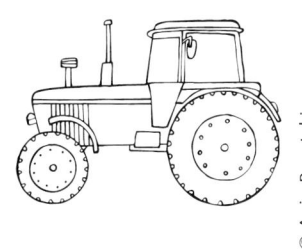

Kleidung

Lehrerseite

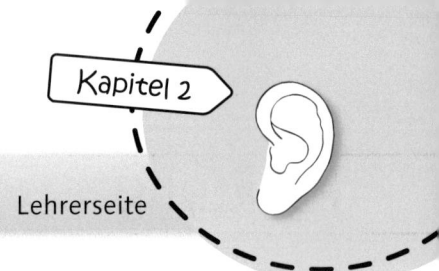

Vorlesetext

Früher gehörte es sich nicht für eine Frau, eine Hose zu tragen.
Zum Glück haben sich die Zeiten geändert.
Die Hose gehört in die Mitte.
Über der Hose liegt ein Oberteil mit kurzen Ärmeln.
Unter der Hose befindet sich ein längliches Stoffteil, das man besonders
bei kalten Tagen um den Hals trägt.
In der unteren Reihe befinden sich eine Jacke, ein Schal und ein Paar Schuhe,
also alles für die kältere Jahreszeit.
Die Schuhe stehen rechts vom Schal.
Die meisten Leute tragen Socken in Schuhen. Diese befinden sich über der Jacke.
Über den Schuhen ist ein wunderschönes Kleid, gefolgt von den Shorts.
Doch wo hat sich der Rock versteckt?

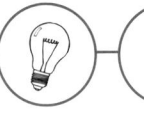

Vorlesetext

Früher gehörte es sich nicht für eine Frau, eine Hose zu tragen.
Zum Glück haben sich die Zeiten geändert.
Die Hose gehört in die Mitte.
Rechts neben der Hose befindet sich ein Kleid und links davon
ein Paar Socken.
Obwohl die Socken eher zu den Schuhen passen würden,
stehen die Schuhe unter einem wunderschönen Kleid.
In der unteren Reihe befinden sich außerdem eine Jacke und ein Schal.
Der längste Schal der Welt ist 6,5 km lang.
Damit kann der Winter kommen. Die Jacke befindet sich links vom Schal.
In der oberen Reihe sind drei Kleidungsstücke, die man oft im Sommer trägt.
In der Mitte befindet sich das Oberteil.
Links außen liegt ein Kleidungsstück, das meistens von Frauen getragen wird.
Und wie heißt das Kleidungsstück, das noch übrig ist?

Differenzierte Logicals · Klasse 2–4
Lesen, rätseln, kombinieren

Kleidung

Kapitel 2

Möbel

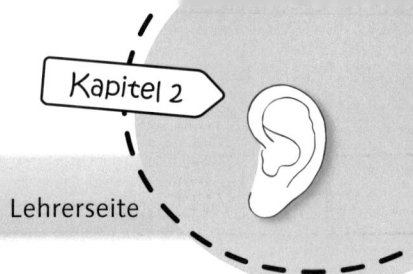

Kapitel 2

Lehrerseite

Vorlesetext

Kannst du dir einen Raum ohne Möbel vorstellen?
Wo soll man denn z. B. nachts schlafen?
Damit man seine Hausaufgaben ordentlich erledigen kann,
benötigt man einen Schreibtisch. Dieser gehört in die Mitte der ersten Spalte.
Da es im Winter schnell dunkel wird, ist es wichtig, dass auf jedem Schreibtisch
eine Lampe steht. Deshalb steht die Lampe über dem Schreibtisch.
Rechts neben der Lampe steht ein Stuhl.
Eine weitere Sitzmöglichkeit bietet das Sofa. Es befindet sich rechts ganz unten.
Bücher werden oft in Regalen aufbewahrt. Das Regal ist rechts ganz oben zu finden.
Darunter befindet sich ein Möbelstück, in dem man Kleider aufbewahrt.
Daneben steht das Bett.
Unter dem Bett befindet sich ein weiteres Möbelstück mit vier Beinen.
Links davon steht der Sessel.
Liegt alles an der richtigen Stelle?

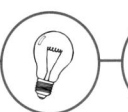 

Vorlesetext

Kannst du dir einen Raum ohne Möbel vorstellen?
Wo soll man denn z. B. nachts schlafen?
Damit man seine Hausaufgaben ordentlich erledigen kann,
braucht man einen Schreibtisch. Er befindet sich in der ersten Spalte,
genauso wie die Lampe und der Sessel. Oben links steht die Lampe.
Neben der Lampe steht ein Möbelstück, das zum Sitzen gebraucht wird.
Allerdings kann dort nur eine Person Platz nehmen. Ursprünglich saßen
die Menschen auf dem Boden, auf Felsen oder auf umgekippten Baumstämmen.
Erst ab Mitte des 18. Jahrhunderts kamen Stühle ins Spiel.
Die meisten Menschen sitzen beim Lesen von Büchern lieber auf einem Sofa.
Dieses findest du ganz rechts unten.
In der untersten Reihe befindet sich mittig ein Tisch.
Über dem Tisch ist das Bett. Daneben steht ein Möbelstück für Kleidung.
Darüber steht ein Möbelstück, das der Aufbewahrung von Büchern dient.
Diagonal dazu ist der Sessel.
Und wo machst du noch mal Hausaufgaben?

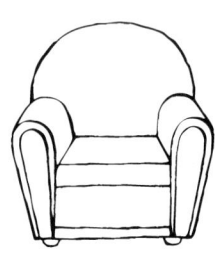

Differenzierte Logicals · Klasse 2–4
Lesen, rätseln, kombinieren

Möbel

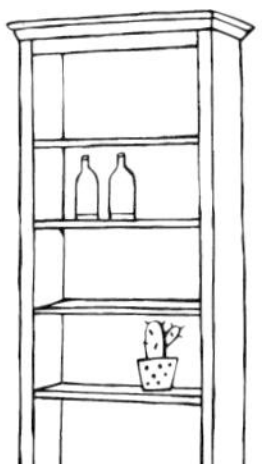

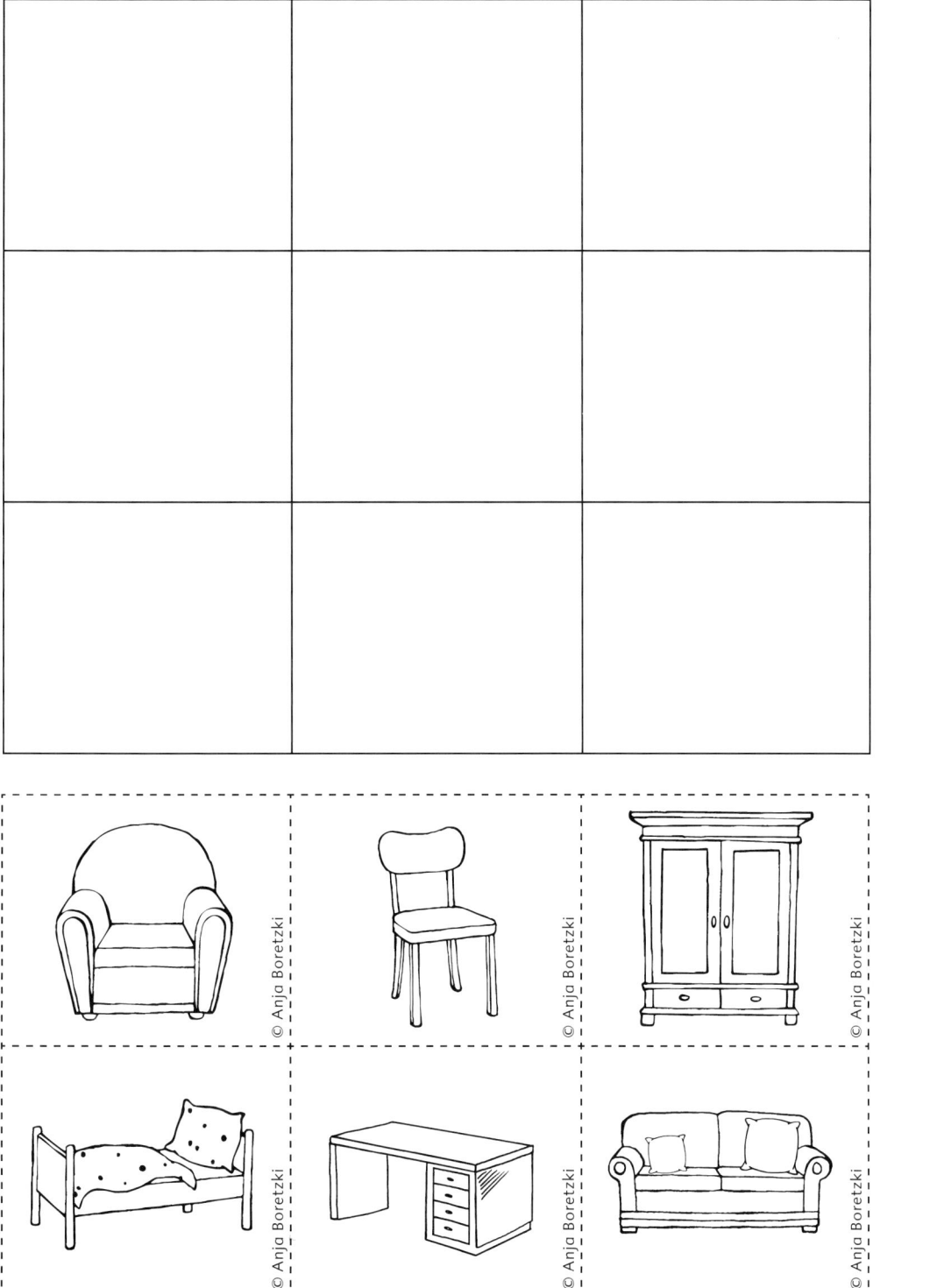

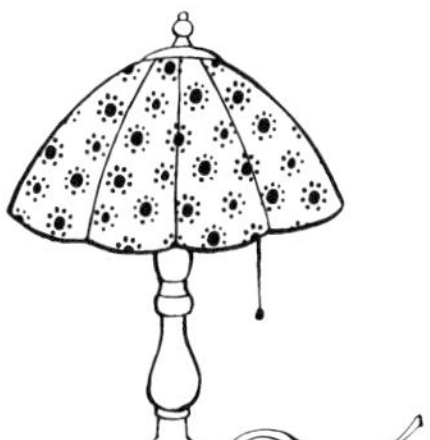

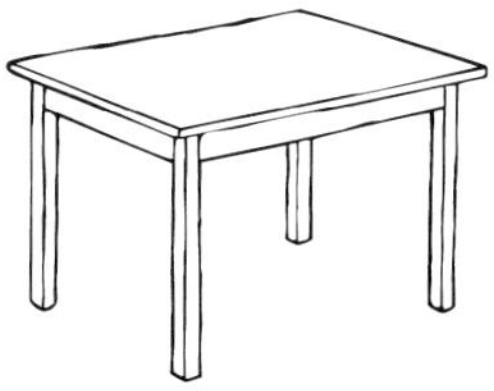

ISBN 978-3-8346-3787-1 | www.verlagruhr.de

Gemüse

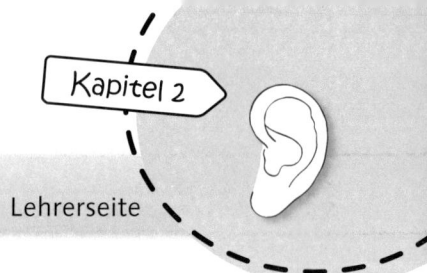

Kapitel 2

Lehrerseite

Vorlesetext

Gemüse ist gesund. Besonders lecker schmeckt frisches Gemüse vom Markt.
Links oben befindet sich eine Gemüsesorte mit vielen kleinen, weißen Röschen.
Daneben befindet sich die Möhre. Ebenfalls in der ersten Reihe liegen Tomaten.
Unter den Tomaten befindet sich ein Radieschen.
Links neben dem Radieschen ist eine länglich grüne Gemüsesorte.
Links von der Gurke ist die Paprika anzutreffen. Paprika gibt es in den Farben Rot,
Gelb und Grün.
Orange ist die nächste Gemüsesorte. Sie spielt eine große Rolle im Herbst,
wenn Halloween gefeiert wird.
Neben dem Kürbis, der in der Mitte der untersten Reihe zu finden ist,
liegen ein Salat und eine Kartoffel. Der Salat liegt unter dem Radieschen.
Weißt du, wo die Kartoffel liegt?

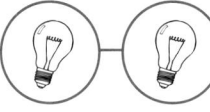

Vorlesetext

Gemüse ist gesund. Besonders lecker schmeckt frisches Gemüse vom Markt.
Links oben befindet sich eine Gemüsesorte mit vielen kleinen, weißen Röschen.
Daneben liegt die Lieblingsspeise von Hasen. In derselben Spalte wie die Möhre
befindet sich eine weitere orangefarbene Gemüsesorte. Sie wird häufig im Herbst
verzehrt und zur Dekoration an Halloween verwendet.
Dazwischen liegt die Gurke. Gurken sind meist schmal und lang,
Radieschen hingegen klein und knubbelig, zumindest die Knolle.
Du findest das Radieschen rechts neben der Gurke.
Unter dem Radieschen liegt ein Salatkopf.
Die Gemüsesorte in der linken unteren Ecke heißt Kartoffel. In der ganzen Welt
erntet man jährlich etwa 376 Millionen Tonnen Kartoffeln.
Über der Kartoffel liegt eine Gemüsesorte, die es in den drei Ampelfarben Rot,
Gelb und Grün gibt.
Und wo sind die Tomaten geblieben?

Differenzierte Logicals · Klasse 2–4
Lesen, rätseln, kombinieren

Gemüse

Kapitel 2

Kapitel 3

Tabellen-Logicals

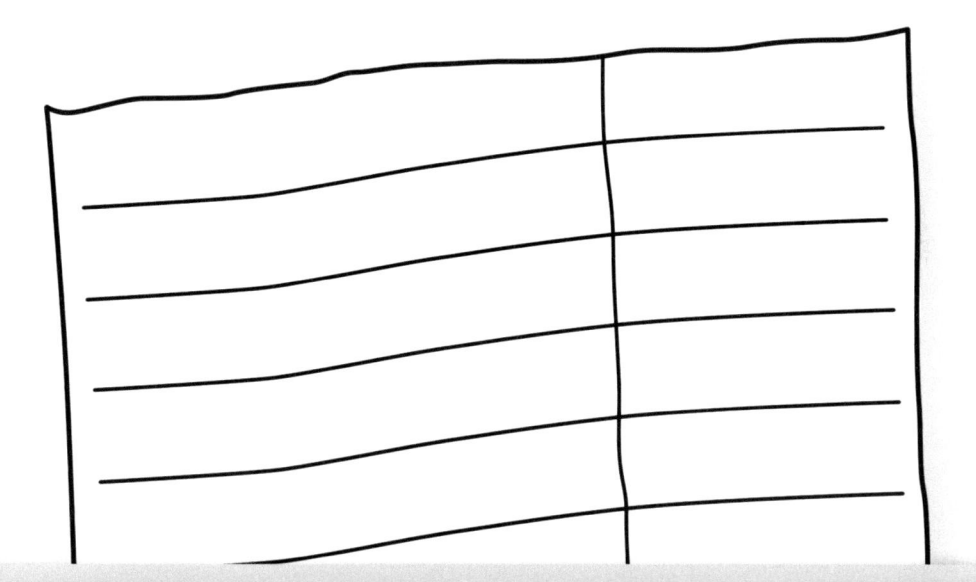

So löst du ein Tabellen-Logical!

→ Schaue dir die Tabelle genau an.
→ Lies dir alle Sätze aufmerksam durch.
→ Lies erneut die Sätze.
→ Versuche, schrittweise die Tabelle mit Bleistift auszufüllen.
→ Hake Sätze ab, die du bearbeitet hast.

Wichtig: Du kannst nicht nur nach der Reihenfolge vorgehen!

Beispiel Wilde Tiere

	Tier 1	Tier 2	Tier 3
Name			
Größe			
Nahrung			

1. Löwen jagen zur Nahrung Gazellen, Zebras, Gnus, Antilopen oder Büffel.
2. Giraffenmännchen können bis zu 6 m, Weibchen bis 4,5 m hoch werden.
3. Die Informationen über den Löwen findest du ganz links.
4. Krokodile fressen Fische und verschiedene Säugetiere. Das ist von ihrer eigenen Körpergröße abhängig.
5. Löwenmännchen können bis zu 2,5 m und Weibchen bis zu 1,75 m lang werden.
6. Die Infos über die Krokodile findest du nicht neben den Infos zum Löwen.
7. Giraffen fressen die Blätter von Akazienbäumen besonders gern.
8. Die kleinsten Krokodile werden nur 1,20 m lang, die größten jedoch über 6 m!

Haustiere

	Tier 1	Tier 2	Tier 3
Name			
Größe			
Nahrung			

1. Hunde solltest du am besten mit Trockenfutter und gelegentlich mit Nassfutter füttern.
2. Meerschweinchen können 22–35 cm lang werden.
3. Die Informationen über den Hund findest du ganz links.
4. Katzen fressen Trocken- oder Feuchtfutter. Wenn sie draußen leben, können sie auch Mäuse oder Vögel fangen und fressen.
5. Hunde können ganz unterschiedlich groß werden. Die Größe wird in Schulterhöhe gemessen und kann 15 cm –110 cm betragen.
6. Die Infos über die Katze findest du nicht neben den Infos zum Hund.
7. Meerschweinchen solltest du mit Trockenfutter und etwas Gemüse füttern.
8. Die Schulterhöhe einer Katze kann 23–25 cm betragen.

Haustiere

	Tier 1	Tier 2	Tier 3	Tier 4
Name				
Größe				
Nahrung				
Das braucht das Tier				

① Katzen können eine Schulterhöhe von 23–25 cm erreichen. Sie fressen Trockenfutter oder Nassfutter. Wenn sie draußen sind, können sie auch Mäuse oder Vögel jagen.

② Das Haustier, das 22–35 cm lang wird, ist deutlich länger als das Haustier rechts daneben, das fliegen kann.

③ Die Informationen über die Katzen musst du ganz außen eintragen.

④ Wellensittiche werden 15–20 cm lang.

⑤ Informationen über den Hund findest du nicht außen in der Tabelle.

⑥ Neben den Infos über die Katze findest du das Tier, das Trockenfutter und Nassfutter frisst.

⑦ Das Tier, das einen Käfig mit Streu und ein kleines Häuschen benötigt, ist zwischen dem Hund und dem Vogel. Der Vogel braucht einen Käfig mit Kletterstangen.

⑧ Das Tier, das eine Toilette und ein Bettchen benötigt, liegt links neben dem Tier, für das du eine Leine und ebenfalls einen Schlafplatz brauchst.

⑨ Hunde können eine Schulterhöhe von 15–110 cm erreichen.

⑩ Das Tier ganz rechts außen, das auch fliegen kann, solltest du mit Körnern und gelegentlich mit etwas Obst und Gemüse füttern.

⑪ Das Meerschweinchen, das neben dem Wellensittich ist, frisst Trockenfutter und etwas Gemüse.

Differenzierte Logicals · Klasse 2–4
Lesen, rätseln, kombinieren

Obst

	Obstsorte 1	Obstsorte 2	Obstsorte 3
Name			
Aussehen			
So wächst es			

① Erdbeeren sind meistens rot, manchmal haben sie noch grüne Stellen.

② Die Obstsorte neben der Erdbeere wächst an einer Staude. Die sieht so ähnlich wie ein Baum aus, ist aber keiner.

③ Ganz außen findest du den Apfel.

④ Reife Bananen sind gelb. Sie können aber kleine, braune Stellen haben.

⑤ Die Obstsorte links neben der Banane wächst an einem Obstbaum.

⑥ Die Obstsorte, die außen rechts beschrieben ist, wächst an einem kleinen Strauch auf dem Feld.

⑦ Äpfel können unterschiedliche Farben haben. Meistens sind sie rot, gelb oder grün.

⑧ Rechts neben der Banane befindet sich die Erdbeere.

Obst

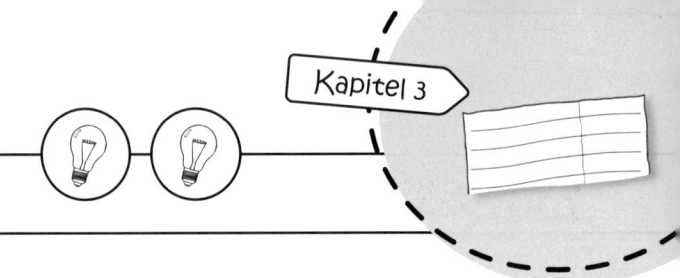

	Obstsorte 1	Obstsorte 2	Obstsorte 3	Obstsorte 4
Name				
Aussehen				
So wächst es				
Herkunfts-land				

1. Die beiden Obstsorten, die in der Mitte liegen, kommen zum einen aus Asien und dem westlichen Pazifik, zum anderen von der gesamten Nordhalbkugel.
2. Erdbeeren sind meistens rot, manchmal haben sie noch grüne Stellen.
3. Die Ananas ist ein Bromeliengewächs. Das bedeutet, dass diese Pflanze viele lange, grüne Blätter hat und einen Stamm, an dem die Frucht wächst.
4. Der Apfel, mit seinen vielen verschiedenen Sorten, stammt ursprünglich aus Europa, Asien und Nordamerika. Er ist ganz außen in der Tabelle.
5. Die Banane wächst an einer Staude. Diese sieht wie ein Baum aus, ist aber keiner. Sie befindet sich links neben der Erdbeere.
6. Die Ananas stammt ursprünglich aus Südamerika und befindet sich ganz links in der Tabelle.
7. Neben dem Apfel findest du die Frucht, die an einem kleinen Strauch auf dem Feld wächst. Sie war anfangs nur auf der Nordhalbkugel zu finden.
8. Die Banane mit ihrer gelben Farbe und teilweise braunen Stellen liegt rechts neben der anderen gelblich-braunen Frucht mit langen, grünen Blättern.
9. Das Obst rechts neben der Erdbeere wächst an einem Obstbaum und kann rot, gelb oder grün sein.

Schulsachen

	Schulmaterial 1	Schulmaterial 2	Schulmaterial 3
Name			
Aussehen			
Dafür brauchst du es			

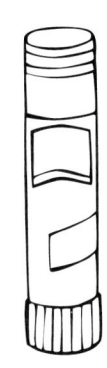

1. Der Gegenstand in der Mitte ist länglich und rund und kann unterschiedliche Farben haben.
2. Mit einem Radiergummi kannst du Fehler entfernen.
3. Der Bleistift befindet sich rechts neben dem Gegenstand, mit dem du Dinge, wie z. B. Papier, befestigen kannst.
4. Ganz außen links ist der Radiergummi, den es in unterschiedlichen Formen und Farben gibt. Er ist aus Gummi.
5. Der Gegenstand, den du zum Schreiben benutzt, ist rechts neben dem Klebestift.
6. Die Form des Bleistifts ist länglich mit einer Spitze. Er kann rund oder leicht eckig sein.
7. Der Klebestift befindet sich in der Mitte der Tabelle.
8. Den Bleistift kannst du auch noch zum Zeichnen benutzen.

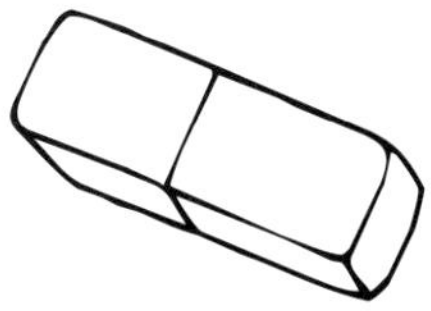

Schulsachen

	Schulmaterial 1	Schulmaterial 2	Schulmaterial 3	Schulmaterial 4
Name				
Aussehen				
Dafür brauchst du es				
Preis				

1. Mit dem Radiergummi kannst du Fehler entfernen.
2. Der Gegenstand, der 0,25 € bis 3,50 € kostet, liegt links neben dem Gegenstand für 0,20 € bis 2,50 €.
3. Mit dem Bleistift kannst du schreiben oder Dinge zeichnen.
4. Ganz außen befindet sich der Gegenstand, der 0,65 € bis 2,70 € kostet. Du kannst damit Dinge, wie zum Beispiel Papier, befestigen.
5. Der Radiergummi kann unterschiedliche Formen und Farben haben und liegt in der Mitte. Es ist aus Gummi und liegt neben dem Anspitzer.
6. Der Anspitzer kann mit oder ohne Auffangbehälter sein. Er ist oft aus Plastik und hat eine scharfe Metallkante. Du findest ihn ganz außen links.
7. Der Klebestift ist länglich und rund. Er liegt rechts neben dem Bleistift.
8. Ein Bleistift kostet im Durchschnitt zwischen 0,31 € und 1,50 €.
9. Links neben dem Klebestift liegt der Gegenstand, der länglich ist und eine Spitze hat. Er kann rund oder leicht eckig sein.
10. Den Anspitzer benötigst du zum Anspitzen von Bleistiften und Buntstiften.
11. Rechts neben dem Anspitzer ist der Radiergummi.

Fahrzeuge

	Fahrzeug 1	Fahrzeug 2	Fahrzeug 3
Name			
Anzahl der Reifen			
Höchstgeschwindigkeit			

1. Das Fahrzeug in der Mitte hat mehr als 2 Reifen.
2. Ein Reisebus darf auf deutschen Autobahnen nicht schneller als 100 km/h fahren.
3. Das Fahrzeug mit nur 2 Reifen findest du ganz außen.
4. Das Flugzeug, das bis zu 945 km/h schnell wird, befindet sich rechts neben dem Motorrad.
5. Das Fahrzeug, das bis zu 18 Reifen haben kann, befindet sich links neben dem Bus, der meistens 6 Reifen hat.
6. Bis zu 945 km/h schnell ist das Fahrzeug in der Mitte.
7. Der Rekord eines Motorrads aus den USA liegt bei 605 km/h Höchstgeschwindigkeit.

Fahrzeuge

	Fahrzeug 1	Fahrzeug 2	Fahrzeug 3	Fahrzeug 4
Name	Flugzeug	Bus	Fahrrad	Motorrad
Anzahl der Reifen	18	6	2	2
Höchstgeschwindigkeit	945 km/h	100 km/h	77 km/h	605 km/h
Wie viele Personen können mitfahren?	853	70	1–2	1–2

① Die Fahrzeuge mit jeweils 2 Reifen liegen direkt nebeneinander.
② Das Fahrzeug, das mit 853 die meisten Personen befördern kann, liegt ganz außen.
③ Ein Reisebus darf auf deutschen Autobahnen nicht schneller als 100 km/h fahren. Er befindet sich rechts neben dem schnellsten Fahrzeug (945 km/h).
④ Mit bis zu 18 Reifen hat das Flugzeug die meisten Räder im Vergleich zum Motorrad und Fahrrad mit jeweils nur 2 Reifen.
⑤ Ganz außen rechts befindet sich das Motorrad, auf dem 1–2 Personen mitfahren können.
⑥ Der Geschwindigkeitsrekord mit einem Fahrrad (Bahnrad) liegt bei 77 km/h.
⑦ Der Bus, der links neben dem Fahrrad liegt, kann bis zu 70 Personen befördern (Doppeldecker).
⑧ Das zweitschnellste Fahrzeug mit 605 km/h befindet sich ganz außen rechts.
⑨ Ein Bus hat meistens 6 Reifen.
⑩ Auch auf dem Fahrrad können nur 1–2 Personen mitfahren.

Kleidung

	Kleidungsstück 1	Kleidungsstück 2	Kleidungsstück 3
Name			
Form			
Rekord			

① Der Weltrekord im Übereinanderziehen von Pullovern liegt bei 26 Stück.

② Jeansformen sind zum Beispiel Bootcut, Slim fit oder Straight.

③ Die Kleidungsstücke, die jeweils 2 Ärmel haben, liegen nebeneinander.

④ Das Kleidungsstück ganz außen ist weltweit ein großer Erfolg. Die Levis 501 gibt es bereits seit 1890 zu kaufen und ist somit ein Verkaufsrekord.

⑤ Die Form eines T-Shirts kann ganz unterschiedlich sein: lang/kurz oder schmal/weit.

⑥ Das Kleidungsstück mit langen Ärmeln befindet sich ganz außen links.

⑦ Der Größenrekord für ein T-Shirt liegt bei 60 m Länge. Es befindet sich in der Mitte.

⑧ Pullover gibt es in unterschiedlichen Passformen, z. B. mit U-Boot-Ausschnitt oder rundem Halsausschnitt.

Kleidung

	Kleidungsstück 1	Kleidungsstück 2	Kleidungsstück 3	Kleidungsstück 4
Name				
Form				
Rekord				
Herkunfts-land				

1. Röcke gibt es in den Formen A-Linie, Wickelrock, Mini oder Bleistiftrock.
2. Zwei Kleidungsstücke haben Ärmel. Eins davon kurze und das andere lange Ärmel. Sie liegen nicht nebeneinander.
3. Das Herkunftsland des Pullovers ist unbekannt, dafür wissen wir, dass die danebenliegende Jeans in den USA erfunden wurde.
4. Ganz außen ist das Kleidungsstück, das Seefahrer in England entwickelt haben.
5. Eigentlich tragen Männer nie Röcke. Der Schottenrock (Kilt) in Schottland hat für Männer aber eine große Bedeutung. Nirgendwo anders tragen so viele Männer einen Rock – rekordverdächtig!
6. Ganz außen links ist die Jeans. Es gibt sie zum Beispiel in Bootcut oder Slim Fit.
7. Der Weltrekord des längsten T-Shirts liegt bei 60 m. Du findest es ganz außen.
8. Neben dem Rock findest du den Pullover.
9. Die meistverkaufte Jeans ist die Levis 501, die seit 1890 verkauft wird. Daneben ist der Pullover, den es mit U-Boot- oder rundem Halsausschnitt gibt.
10. Der Weltrekord im Übereinanderziehen von Pullovern liegt bei 26 Stück.
11. Der Rock wurde in Europa erfunden. Er liegt neben dem Kleidungsstück, dass die Formen lang/kurz oder schmal/weit haben kann.

Möbel

	Möbelstück 1	Möbelstück 2	Möbelstück 3
Name			
Form			
Nutzen			

① Die Möbelstücke, die oft vier Beine haben, liegen nebeneinander.

② Das Möbelstück ganz außen links ist recht groß und meistens rechteckig. Bei Kindern ist es etwas kleiner, hat aber eine ähnliche Form.

③ Der Stuhl in der Mitte ist zum Sitzen geeignet.

④ Ein Tisch hat meistens vier Tischbeine und eine rechteckige oder rundliche Tischplatte.

⑤ Links neben dem Tisch ist ein Möbelstück, das es in vielen unterschiedlichen Varianten gibt. Der Klassiker hat vier Beine, eine Sitzfläche und Stuhllehne.

⑥ Das Bett wird zum Schlafen genutzt. Auf den anderen Gegenstand, der ebenfalls ganz außen ist, kann zum Beispiel etwas draufgelegt oder davon gegessen werden.

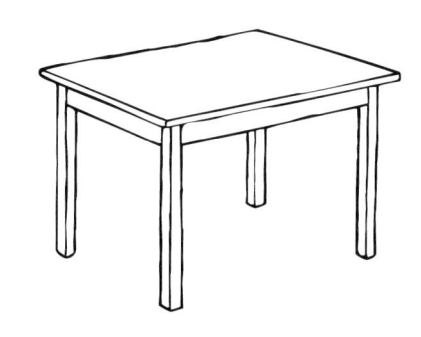

Möbel

	Möbelsstück 1	Möbelsstück 2	Möbelsstück 3	Möbelsstück 4
Name				
Form				
Nutzen				
Kurioses				

1. Zur Fußball-WM 2014 standen Sofas in einem Berliner Stadion. Von dort aus konnte man auf einer Leinwand Fußball gucken.
2. Der Gegenstand, der zum Schlafen genutzt wird, ist ganz außen.
3. Der Tisch hat häufig eine rechteckige oder rundliche Platte und 4 Beine.
4. Ein Stuhl hat oft 4 Beine mit Sitzfläche und Stuhllehne.
5. Ein Bett ist recht groß und meistens rechteckig. Kinderbetten haben eine ähnliche Form. Sie sind nur etwas kleiner.
6. Rechts neben dem Stuhl befindet sich der Tisch. Der längste Tisch der Welt ist 39,80 m lang. Er ist aus einer 41 m langen Fichte gefertigt worden.
7. Das Möbelstück, das wir zum Sitzen, Schlafen und Ausruhen nutzen, ist rechts neben dem Tisch.
8. In Texas (USA) gibt es ein genähtes Hamburger-Bett. Man kann sich mit einer Käsescheiben-Bettdecke zudecken. Das Bett ist ganz außen rechts.
9. Einen Tisch benutzen wir, um etwas draufzulegen oder davon zu essen. Einen Stuhl benutzen wir, um uns darauf zu setzen.
10. Der Stuhl, auf dem J. K. Rowling die beiden ersten Bände von Harry Potter geschrieben hat, ist für 57 000 € versteigert worden. Er ist außen.
11. Ein Sofa hat oft eine Sitzfläche und Rückenlehne aus weichem Material.

Gemüse

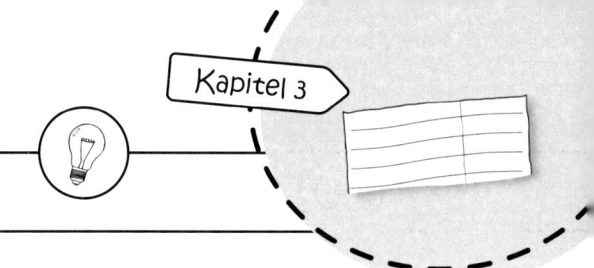

	Gemüse 1	Gemüse 2	Gemüse 3
Name			
Aussehen			
Geschmack			

① Das Gemüse ganz außen rechts schmeckt süß und ist sehr knackig.

② Das rundliche, rote oder gelb-orangefarbene Gemüse befindet sich links neben dem grünen Gemüse, das aus kleinen Blättern besteht.

③ Die Möhre ist orange und länglich. Am Ende befindet sich das sogenannte Grün, das beim Wachsen aus der Erde herausguckt.

④ Die Tomaten befinden sich außen und schmecken süß und saftig.

⑤ Der Spinat befindet sich rechts neben den Tomaten.

⑥ Im Gegensatz zu den süß und saftig schmeckenden Tomaten ist der Spinat eher etwas bitter.

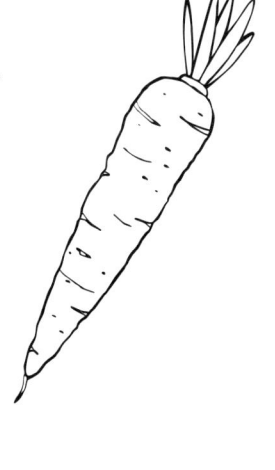

Gemüse

	Gemüse 1	Gemüse 2	Gemüse 3	Gemüse 4
Name				
Aussehen				
Geschmack				
Herkunfts-land				

① Spinat kommt ursprünglich aus Asien. Er befindet sich ganz außen.
② Das Gemüse, das süß und saftig schmeckt, ist rechts neben dem Gemüse, das einen wässrigen und frischen Geschmack hat.
③ Das Gemüse aus Indien ist neben der Möhre.
④ Die Tomaten haben eine rundliche Form und sind meistens rot. Sie können aber auch gelb-orange sein. Sie liegen außen.
⑤ Das Gemüse aus Mittel- und Südamerika befindet sich ganz außen rechts.
⑥ Rechts neben dem Spinat liegt die Möhre. Ihr Herkunftsland ist nicht eindeutig bekannt.
⑦ Links neben den Tomaten befindet sich das Gemüse, das länglich und grün ist. Es schmeckt wässrig und frisch.
⑧ Die Möhre ist orange, länglich und hat am Ende das Grün, das beim Wachsen aus der Erde herausguckt.
⑨ Das Gemüse, das leicht bitter schmeckt, ist ganz außen.
⑩ Das längliche, orangefarbene Gemüse schmeckt süß und knackig.
⑪ Gemüse ist sehr gesund.
⑫ Spinat besteht aus kleinen, grünen Blättern.

Kapitel 4

Ausmal-Logicals

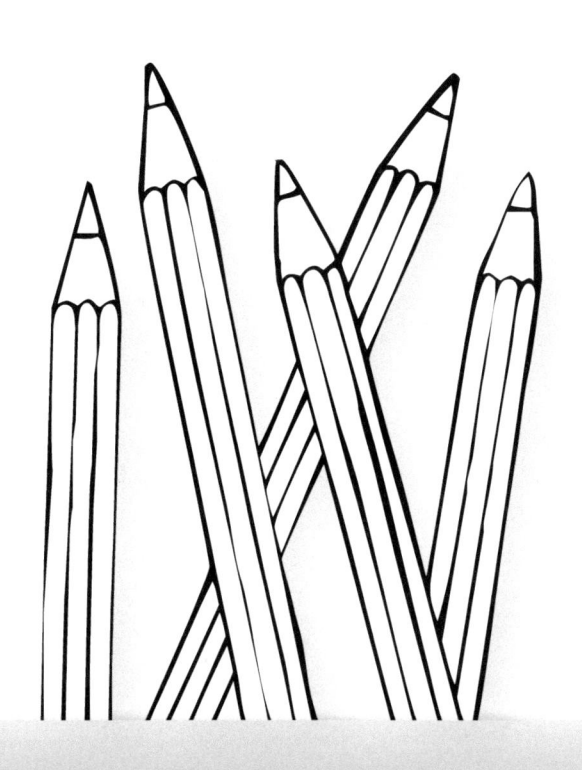

So löst du ein Ausmal-Logical!

→ Schaue dir die Bilder genau an.
→ Lies dir alle Sätze aufmerksam durch.
→ Lies erneut die Sätze.
→ Male schrittweise die einzelnen Bilder an.
→ Achte nicht nur auf die Farbe, sondern auch auf die Namen.
→ Hake Sätze ab, die du bearbeitet hast.

Wichtig: Du kannst nicht nur nach der Reihenfolge vorgehen!

Beispiel Kleidung

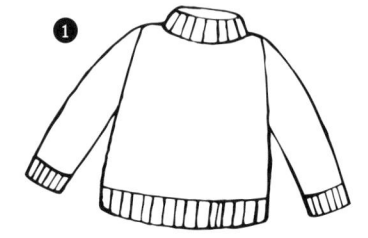

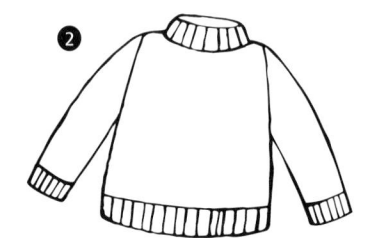

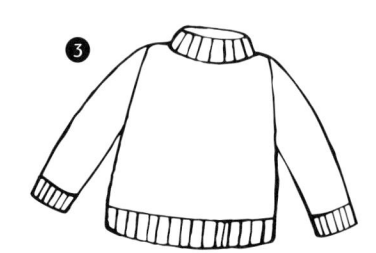

① Johanns Pullover hat einen roten Kragen.
② Der Kragen von Koljas Pullover ist blau.
③ Pauls Pullover hat einen grünen Kragen.
④ Der Pullover in der Mitte ist blau.
⑤ Der rechte Pullover ist gelb.
⑥ Der Pullover mit dem grünen Kragen ist braun.
⑦ Pauls Pullover hat zwei schwarze Streifen.
⑧ Auf Johanns Pullover ist ein roter Stern.
⑨ Der Pullover von Kolja ist ganz rechts.
⑩ In der Mitte ist der Pullover mit dem Stern.
⑪ Kolja hat ein großes „K" in Grün auf seinem Pullover.

Haustiere

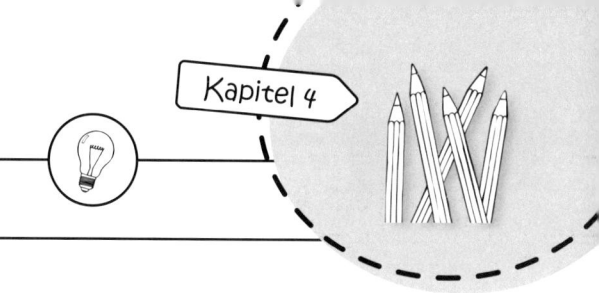

① Timmi schaut zum Glas mit einem gelben Strohhalm.
② Der Strohhalm von Mizi ist schwarz.
③ Der Strohhalm von Bella ist grün.
④ Der Ball in der Mitte ist blau.
⑤ Der Tisch ganz rechts ist rot.
⑥ Bellas Tisch ist blau und rechts daneben steht der braune Tisch.
⑦ Die Fellfarbe von Bella ist weiß.
⑧ Der Ball von Bella ist orange. Er ist ganz außen.
⑨ Das Fell von Timmi ist schwarz.
⑩ Timmi hat einen grünen Ball.
⑪ Links neben der schwarzen Katze ist die Katze mit dem braunen Fell.

Haustiere

❶   **❷**   **❸**   **❹**

① Das Fell von Elvis ist weiß mit braunen Flecken, sein Tisch ist grün.
② Ganz außen ist eine Katze mit braunem Fell und einem blauen Tisch.
③ Mizi mag ihren grünen Ball sehr.
④ Timmi schaut auf ein Glas mit einem gelben Strohhalm.
⑤ Der braune Tisch von Timmi steht zwischen dem von Elvis und Mizi.
⑥ Der Strohhalm von Elvis ist orange.
⑦ Der Tisch von Bella steht neben dem Tisch von Mizi.
⑧ Auf dem roten Tisch steht ein Glas mit einem lilafarbenen Strohhalm.
⑨ Der schwarze Ball gehört Elvis. Er liegt ganz außen links.
⑩ Der Strohhalm von Bella ist blau.
⑪ Der Tisch von Timmi steht rechts neben dem von Elvis.
⑫ Timmis Ball ist blau.
⑬ Die Katze mit dem schwarzen Fell ist nicht außen.
⑭ Das Fell von Mizi ist weiß, es wird schnell dreckig.
⑮ Der Ball von Bella ist orange.

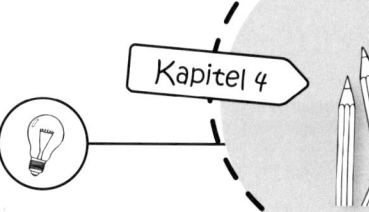

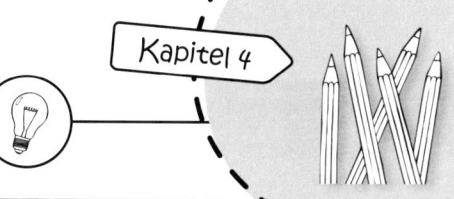

Obst

1 **2** **3**

....

① Auf allen Tellern ist eine halbe Orange.

② Ganz außen ist ein roter Obstteller.

③ Ein Mädchen und ein Junge haben zwei gelbe Bananen auf ihren Tellern.

④ Die Teller von Laura und Nina liegen nebeneinander.

⑤ Die Weintrauben von Nina sind grün.

⑥ Ganz außen links ist ein Teller mit blauen Weintrauben.

⑦ Auf dem blauen Teller von Ben sind zwei gelbe Bananen.

⑧ Laura hat zwei rote Äpfel auf ihrem Teller.

⑨ Ninas Teller ist in der Mitte. Sie hat einen roten und einen gelben Apfel.

⑩ Eine gelbe und eine grüne Banane liegen auf Lauras Teller.

⑪ Ein Obstteller ist pink.

⑫ Ganz außen rechts sind zwei grüne Äpfel auf dem Teller.

⑬ Ben ist ganz stolz, dass er grüne und blaue Weintrauben hat. Sein Teller steht ganz rechts.

Obst

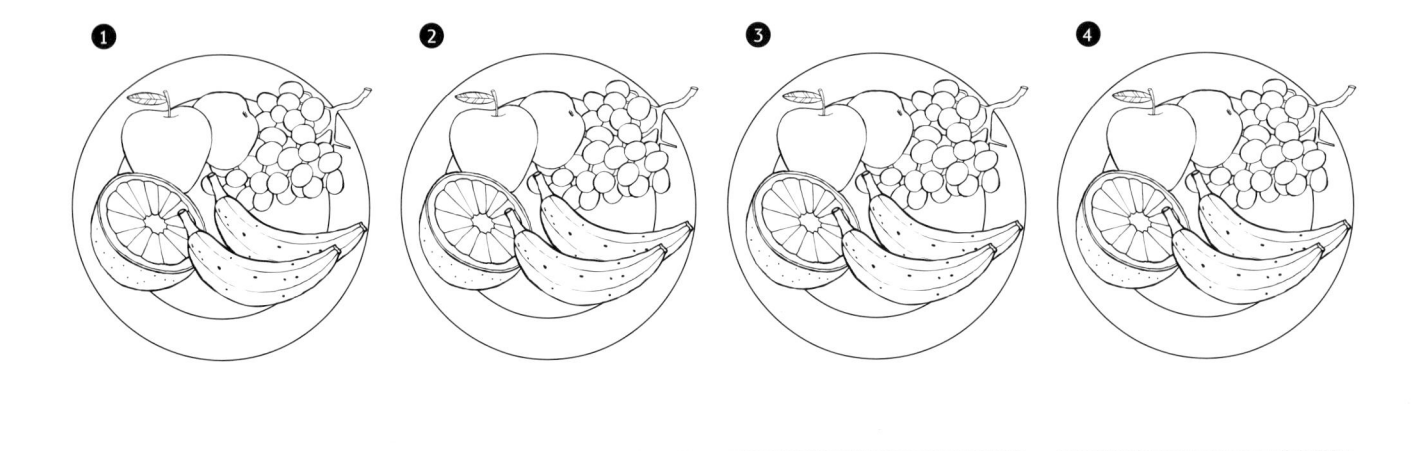

❶ **❷** **❸** **❹**

....

① Die Obstteller von Nina und Laura liegen nicht nebeneinander.

② Auf dem pinkfarbenen Obstteller sind nur grüne Weintrauben.

③ Ben hat auf seinem blauen Teller zwei grüne Äpfel.

④ Nina hat auf ihrem Teller einen roten und einen gelben Apfel.

⑤ Auf jedem Teller liegt eine halbe Orange.

⑥ Jan hat auf seinem Teller zwei grüne Bananen, sie müssen noch reifen.

⑦ Auf dem grünen Teller liegen ein gelber und ein grüner Apfel.

⑧ Auch Laura hat eine grüne Banane auf ihrem Teller.
Die andere ist aber schon gelb.

⑨ Der grüne Teller von Jan liegt neben dem Teller von Ben.

⑩ Ninas Teller ist pink und Lauras Teller ist rot. Beide sind ganz außen.

⑪ Auf dem Teller ganz außen rechts sind zwei rote Äpfel und blaue Weintrauben.

⑫ Ben ist ganz stolz, dass er blaue und grüne Weintrauben hat.
Sie liegen rechts neben dem pinkfarbenen Teller von Nina.

⑬ Jan hat blaue Weintrauben. Sein Teller steht rechts neben dem Teller von Ben.

⑭ Nina und Ben haben beide zwei gelbe Bananen auf ihrem Teller.

Schulsachen

① **②** **③**

....

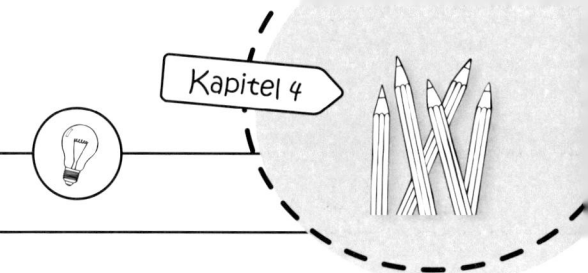

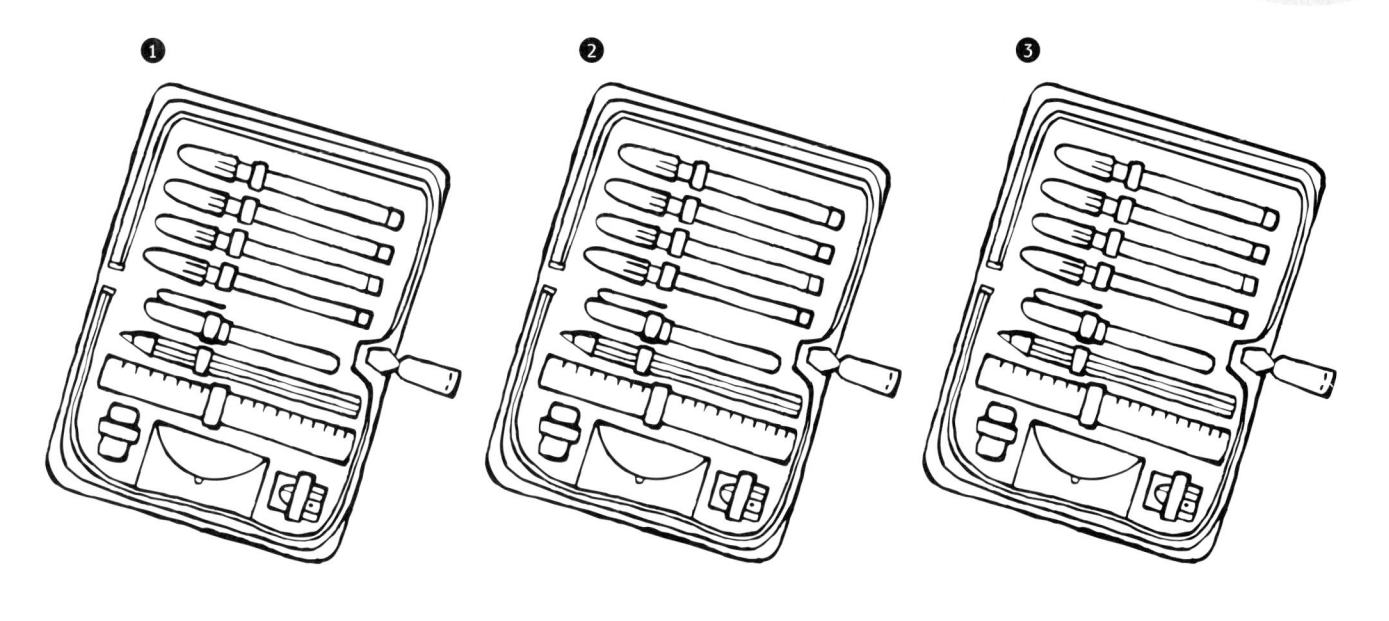

① Jedes Kind hat einen schwarzen Bleistift.

② Zwei Kinder haben einen grünen Anspitzer. Sie liegen nebeneinander.

③ Der Radiergummi von Lina ist pink-weiß.

④ Die Filzstifte von Mirja sind blau, rot, lila und pink.

⑤ Der blaue Füller von Janis liegt nicht neben dem pinkfarbenen Füller von Lina.

⑥ Das Lineal von Lina ist weiß. Es liegt ganz außen, aber nicht neben dem roten Lineal von Janis.

⑦ Der gelb-weiße Radiergummi liegt in der Mitte. Rechts daneben liegt der rot-weiße Radiergummi von Janis.

⑧ Die Filzstifte ganz außen links sind rot, blau, gelb und grün.

⑨ Janis liebt seinen grünen Anspitzer, Lina findet ihren grauen Anspitzer besser.

⑩ Ein Mädchen hat einen roten Füller und ein blaues Lineal.

⑪ Die Filzstifte von Janis sind grün, blau, rot und schwarz.

Schulsachen

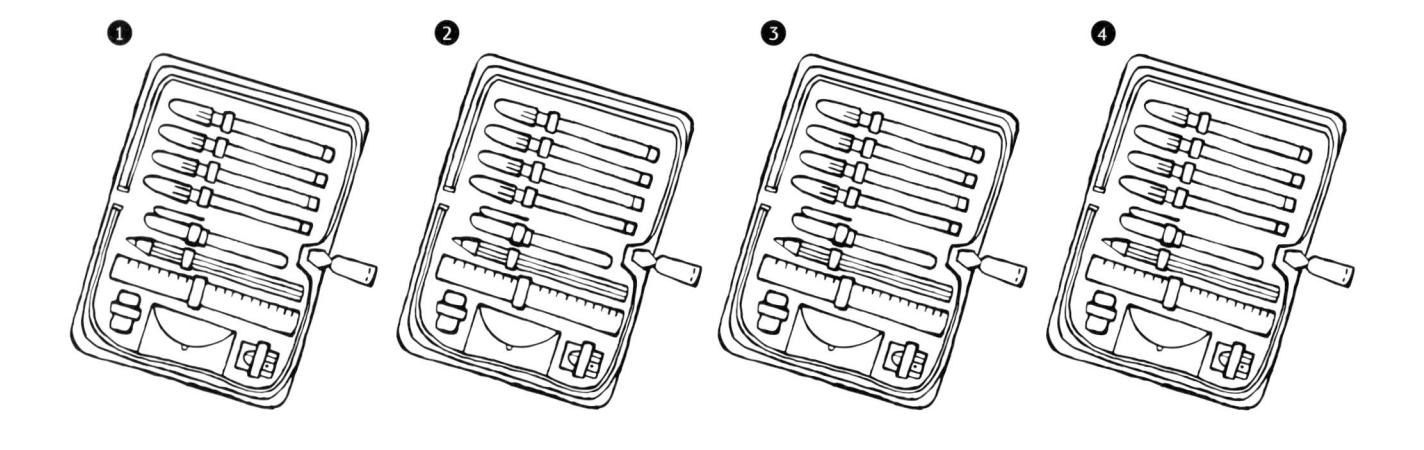

❶   **❷**   **❸**   **❹**

① Jedes Kind hat einen blauen Bleistift.
② Ein Mädchen hat ein weißes Lineal und einen grauen Anspitzer.
③ Ein Mädchen und ein Junge haben einen grünen Anspitzer.
④ Das Lineal von Janis ist rot.
⑤ Die Filzstifte von einem Mädchen sind rot, blau, gelb und grün.
⑥ Der Radiergummi von Lina ist weiß-pink, er liegt neben dem weiß-roten Radiergummi von Janis.
⑦ Ein blaues Lineal liegt neben dem gelben Lineal.
⑧ Der Füller ganz außen links ist grün, er liegt neben dem roten Füller.
⑨ Die Federmappe von Mirja und Lina liegen nebeneinander.
⑩ Die Filzstifte von Janis sind grün, blau, rot und schwarz.
⑪ Linas Radiergummi liegt links neben dem weiß-roten Radiergummi.
⑫ Ganz außen ist ein schwarzer Anspitzer. Er liegt neben dem blauen Lineal.
⑬ Die Filzstifte von Till sind blau, grün, braun und gelb. Sie liegen links neben den Stiften von Mirja.
⑭ Mirjas Filzstifte sind blau, rot, lila und pink.
⑮ Lina liebt ihren pinkfarbenen Füller. Den blauen Füller neben sich mag sie nicht.
⑯ Das Lineal von Till ist gelb. Er hat einen weiß-blauen Radiergummi.
⑰ Mirja hat einen weiß-gelben Radiergummi und einen grünen Anspitzer.
⑱ Die Federmappen von beiden Mädchen liegen nicht außen.

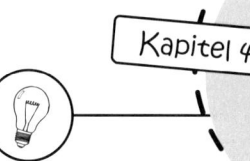

Fahrzeuge

1) Die Fahrräder der zwei Jungen haben schwarze Reifen.
2) Ein Fahrrad hat einen braunen Sattel.
3) Das Fahrrad von Finn hat einen blauen Rahmen.
4) Laura ist auf ihren Sattel besonders stolz, er ist lila.
5) Niklas hat einen gelben Lenker. Sein Fahrrad ist ganz außen rechts.
6) Finn mag seinen grünen Lenker lieber als den roten Lenker von Laura.
7) Das grüne Fahrrad steht rechts neben dem roten Fahrrad.
8) Das Fahrrad ganz links hat einen grünen Sattel.
9) Das Fahrrad von dem Mädchen hat weiße Reifen.
10) Das Fahrrad von Niklas steht nicht neben dem Fahrrad von Finn.

Fahrzeuge

Kapitel 4

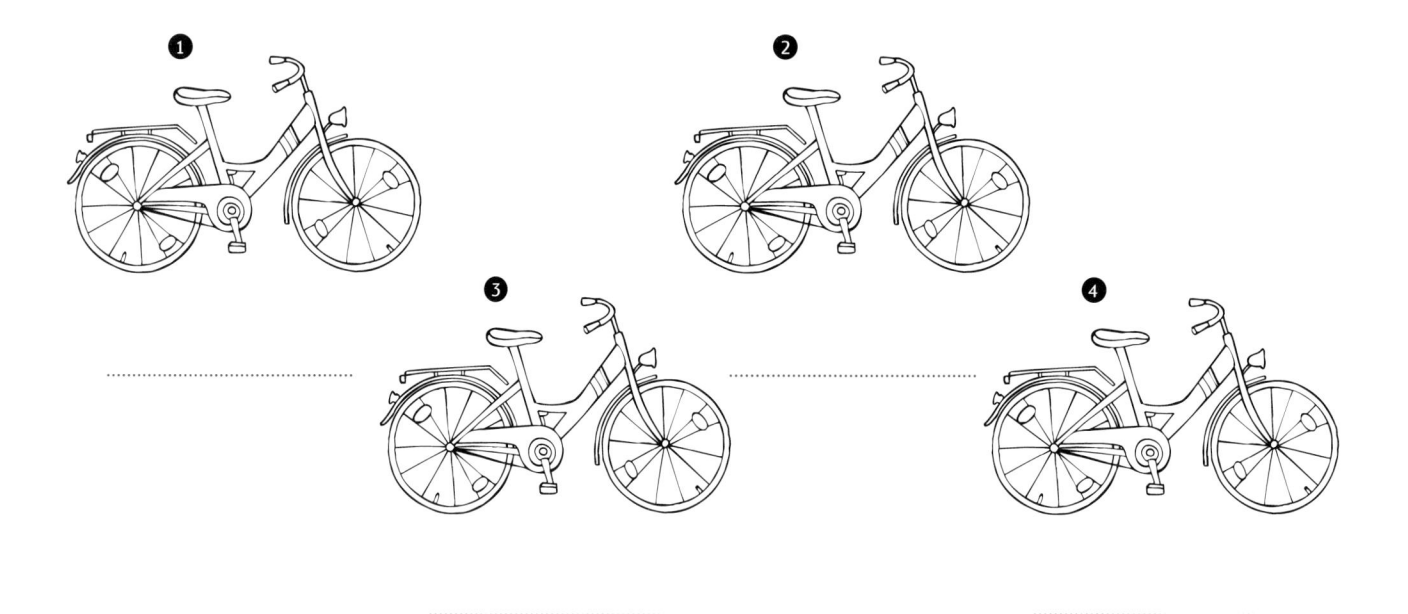

① Drei Fahrräder haben einen gelben Lenker.

② Das Fahrrad von Luca ist schwarz. Es steht ganz außen.

③ Das blaue Fahrrad von Finn steht links neben dem grünen Fahrrad von Niklas.

④ Das Fahrrad von Laura ist rot. Es steht ganz außen rechts.

⑤ Zwei Kinder haben ein Fahrrad mit weißen Reifen. Sie stehen nicht nebeneinander.

⑥ Das Fahrrad mit dem lilafarbenen Sattel steht ganz außen.
Daneben steht ein Fahrrad mit einem braunen Sattel.

⑦ Der Sattel von Luca ist grau. Sein Fahrrad steht links neben dem Fahrrad mit dem grünen Sattel.

⑧ Laura findet ihre weißen Reifen besonders schön, Luca findet sie unpraktisch, da sie schnell dreckig werden. Die Fahrräder stehen nicht nebeneinander.

⑨ Das Fahrrad von Finn hat schwarze Reifen. Es steht zwischen dem Fahrrad von Luca und Niklas.

⑩ Das Fahrrad ganz außen links hat einen gelben Lenker. Es gehört einem Jungen.

⑪ Außen rechts steht das Fahrrad mit dem roten Lenker.
Das Fahrrad links davon hat einen gelben Lenker.

⑫ Die Reifen von Niklas sind schwarz. Sie passen zu seinem grünen Fahrrad.

Kleidung

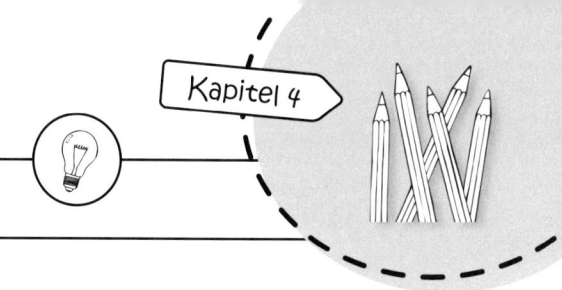

① ② ③

1. Ein Mädchen hat auf seinen Turnschuhen grüne Streifen.
2. Zwei Kinder haben blaue Turnschuhe.
3. Ein Paar Turnschuhe hat eine weiße Sohle.
4. Die Streifen von Tims Schuhen sind rot.
5. Merle mag ihre pinkfarbenen Schnürsenkel sehr.
6. Die Schuhe von Tim und von Ida haben grüne Schnürsenkel.
7. Tim hat Turnschuhe mit einer schwarzen Sohle. Seine Schuhe stehen rechts neben den Schuhen von Ida.
8. Die Streifen von Merles Turnschuhen sind gelb. Ihre Schuhe stehen ganz außen.
9. Die Turnschuhe von Tim sind blau. Sie stehen nicht neben den Schuhen von Merle.
10. Ida hat rote Turnschuhe mit einer blauen Sohle. Sie stehen rechts von Merles Schuhen.

Kleidung

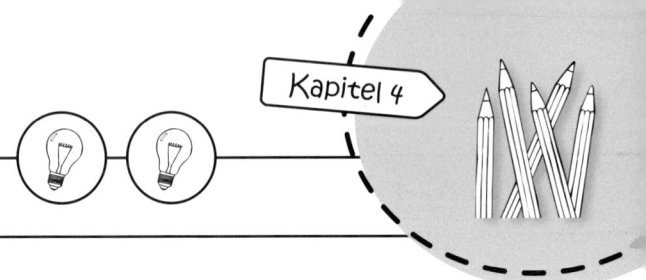

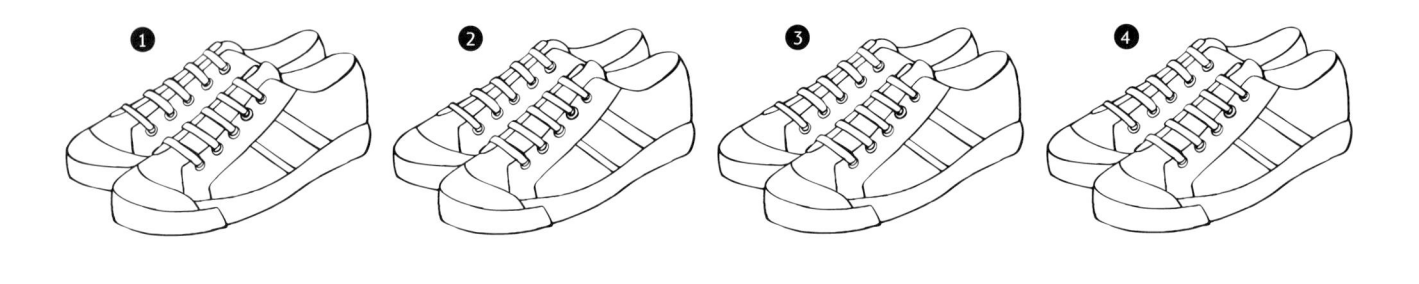

1. Ein Mädchen hat auf seinen Turnschuhen grüne Streifen.
2. Zwei Kinder haben blaue Turnschuhe.
3. Außen stehen die Schuhe von zwei Mädchen.
   Ein Mädchen hat pinkfarbene Schuhe.
4. Die Streifen von Tims Schuhen sind rot.
5. Merle mag ihre pinkfarbenen Schnürsenkel sehr.
   Sie passen gut zu ihren blauen Schuhen.
6. Zwei Mädchen haben Turnschuhe mit einer weißen Sohle.
7. Auf Danas Turnschuhen sind lilafarbenen Streifen.
   Ihre Schuhe stehen ganz außen.
8. Zwei Paar Turnschuhe haben grüne Schnürsenkel.
   Sie stehen nebeneinander.
9. Tim hat Turnschuhe mit einer schwarzen Sohle.
   Seine Schuhe stehen zwischen den Schuhen von Ida und Dana.
10. Die Streifen von Merles Turnschuhen sind gelb.
    Ihre Schuhe stehen ganz außen.
11. Die Turnschuhe von Tim sind blau.
12. Ida hat rote Turnschuhe mit einer blauen Sohle.
    Sie stehen rechts von Merles Schuhen.
13. Dana hat weiße Schnürsenkel. Ihre Schuhe stehen rechts
    neben den Schuhen von Tim.
14. Merle findet ihre weißen Sohlen super. Dana hingegen findet
    ihre nicht so gut, da die Schuhe so schneller dreckig aussehen.

Differenzierte Logicals · Klasse 2–4
Lesen, rätseln, kombinieren

Möbel

❶ **❷** **❸**

....

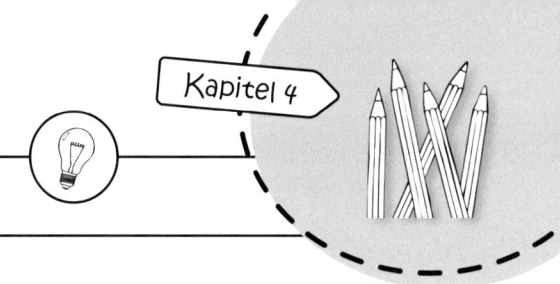

① Das kleine Kissen auf dem Sofa ganz rechts ist gelb.
② Zwei Sofas haben schwarze Füße.
③ Das große Kissen von Erik ist grün.
④ Das Sofa des Mädchens hat weiße Füße.
⑤ Ein Junge hat ein blaues Sofa. Es steht ganz außen links.
⑥ Das Sofa von Hanna ist rot-weiß gestreift.
   Es steht neben dem Sofa von Mika.
⑦ Das Sofa von Erik ist schwarz.
⑧ Hanna hat in ihr Sofa ein großes, blaues Kissen gelegt.
   Es steht zwischen dem Sofa von Mika und Erik.
⑨ Mika hat in seinem blauen Sofa zwei Kissen. Beide Kissen sind rot.
⑩ Das kleine Kissen auf dem Sofa in der Mitte ist pink.

Möbel

① ② ③ ④

① Das Sofa von Moritz ist grau. Es steht nicht außen.
② Zwei Kinder haben ein Sofa mit schwarzen Füßen.
③ Ein Mädchen hat in seinem Sofa ein großes, blaues Kissen.
④ Mikas Sofa steht ganz außen.
⑤ In Eriks Sofa liegt ein großes, grünes Kissen.
⑥ Hanna hat in ihrem Sofa ein kleines pinkfarbenes Kissen. Ihr Sofa steht ganz außen rechts.
⑦ Ein Junge hat ein Sofa mit gelben Füßen.
⑧ Das blaue Sofa von Mika steht links neben dem Sofa von Moritz.
⑨ Das kleine, gelbe Kissen von Erik liegt links neben dem rot-weiß gestreiften Sofa.
⑩ Ein Junge hat ein schwarzes, kleines Kissen in seinem Sofa. Es steht nicht außen.
⑪ Mika hat zwei rote Kissen auf seinem Sofa.
⑫ Die Sofas mit den schwarzen Füßen stehen nicht nebeneinander.
⑬ Moritz findet sein großes, gelbes Kissen im Sofa super gemütlich. Sein Sofa steht rechts neben dem Sofa von Mika.
⑭ Das Sofa von Hanna hat weiße Füße.
⑮ Ein Junge hat ein schwarzes Sofa.

Pizza

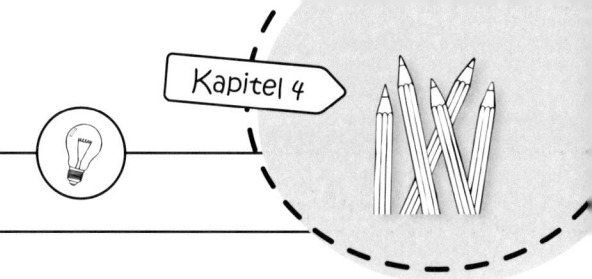

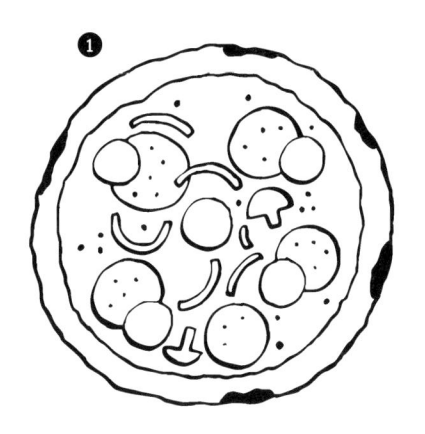

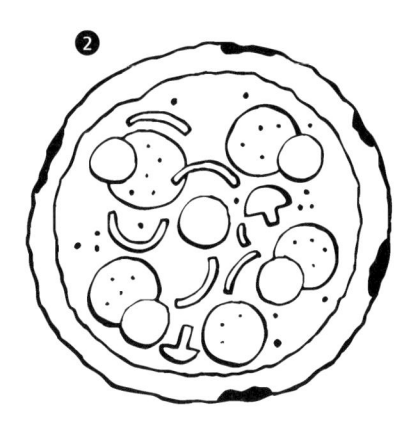

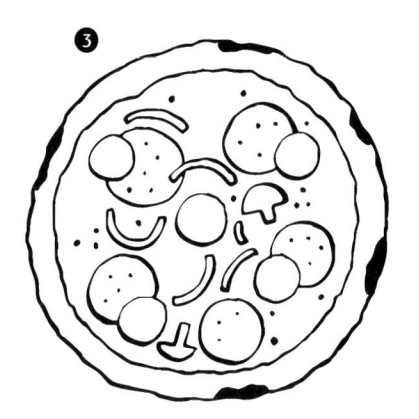

① ② ③

① Finn mag auf seiner Pizza die roten Paprikastreifen besonders gerne.
② Zwei Kinder haben weiße Pilze auf ihrer Pizza.
   Die Pizzas liegen nebeneinander.
③ Jana hat auf ihrer Pizza rote Tomatenscheiben.
④ Lukas hat auf seiner Pizza grüne Paprikastreifen.
   Seine Pizza liegt ganz außen.
⑤ Die Pizza mit den braunen Pilzen ist ganz außen rechts.
⑥ Auf der Pizza von Lukas sind grüne Zucchinischeiben.
   Seine Pizza liegt links neben der Pizza von Jana.
⑦ Alle Kinder haben rote Salamischeiben auf ihrer Pizza.
⑧ Die Pizza mit den gelben Paprikastreifen liegt in der Mitte.
⑨ Finn legt auf seine Pizza immer weiße Zwiebelscheiben.
   Er findet sie zu den braunen Pilzen besonders lecker.

Pizza

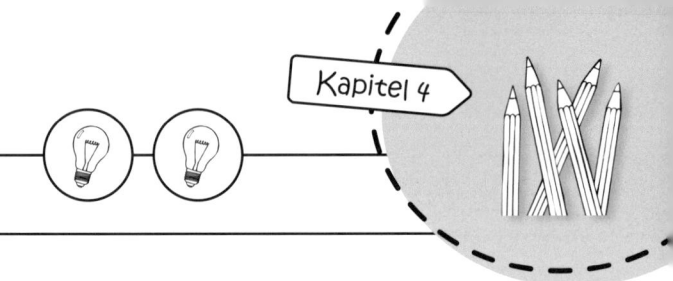

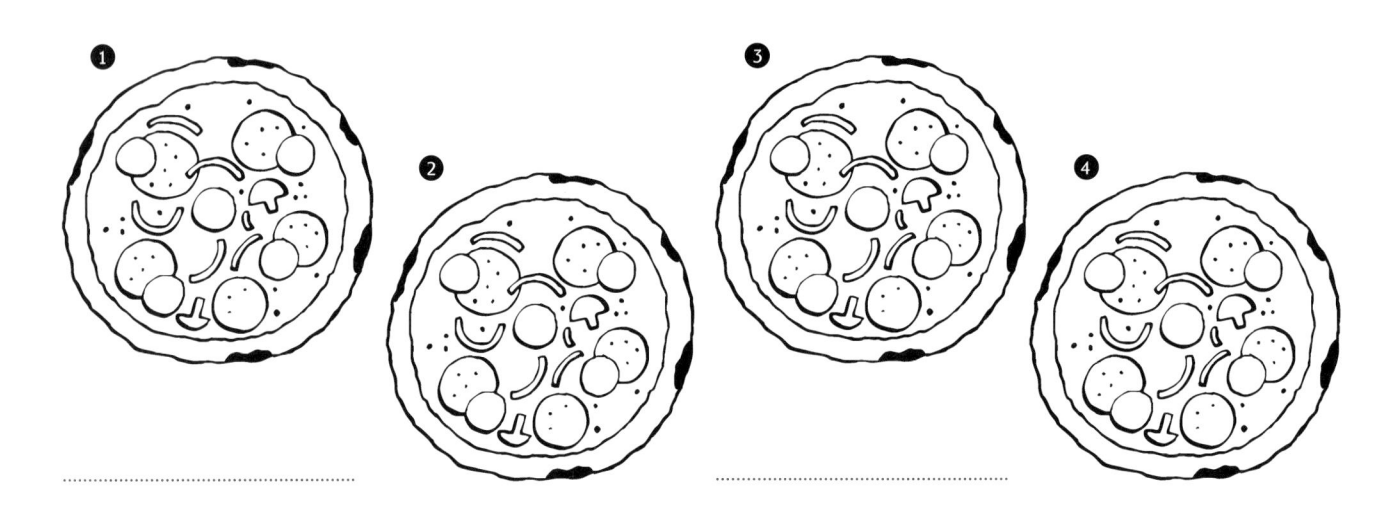

① ② ③ ④

① Ein Mädchen hat braune Pilze auf seiner Pizza.

② Hanna hat gelbe und rote Paprikastreifen auf ihrer Pizza.

③ Zwei Kinder haben grüne Zucchinischeiben auf ihrer Pizza. Die Pizzas liegen nicht nebeneinander.

④ Die Pizzas der beiden Mädchen liegen nebeneinander.

⑤ Jana hat auf ihrer Pizza weiße Pilze. Ein Junge hat ebenfalls weiße Pilze auf seiner Pizza.

⑥ Lukas hat auf seiner Pizza grüne Paprikastreifen. Seine Pizza ist ganz außen.

⑦ Die Pizza mit den roten Paprikastreifen liegt neben der Pizza mit den grünen Paprikastreifen.

⑧ Finn mag auf seiner Pizza die braunen Pilze besonders gerne. Seine Pizza liegt nicht außen.

⑨ Jana hat auf ihrer Pizza rote Tomatenscheiben. Ihre Pizza liegt links neben der Pizza von Finn.

⑩ Auf Hannas Pizza liegen grüne Zucchinischeiben. Ihre Pizza liegt ganz außen links.

⑪ Auf der Pizza eines Jungen liegen weiße Zwiebelscheiben. Sie liegt nicht außen.

⑫ Alle Kinder haben rote Salamischeiben auf ihrer Pizza.

⑬ Jana hat auf ihrer Pizza gelbe Paprikastreifen. Ihre Pizza liegt rechts neben der Pizza von Hanna.

Lösungen – Klebe-Logicals

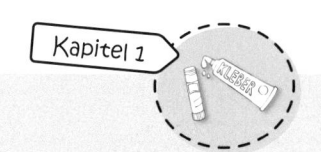

Beispiel Klebe-Logical → (S. 6)

Zug	Hub-schrauber	Schiff	Auto

Haustiere → (S. 7/8)

Hase	Maus	Katze	Hund

Hase	Maus	Katze	Hund
Hamster	Vogel	Schild-kröte	Fisch

Obst → (S. 9/10)

Erdbeere	Apfel	Banane	Birne

Erdbeere	Apfel	Banane	Birne
Kirsche	Kiwi	Ananas	Pflaume

Schulsachen → (S. 11/12)

Lineal	Schere	Anspitzer	Radier-gummi

Lineal	Schere	Anspitzer	Radier-gummi
Zirkel	Bleistift	Füller	Kleber

Fahrzeuge → (S. 13/14)

Flugzeug	Auto	Fahrrad	Schiff

Flugzeug	Auto	Fahrrad	Schiff
Traktor	Motorrad	Straßen-bahn	Bus

Kleidung → (S. 15/16)

Pullover	Hose	Rock	Schuhe

Pullover	Hose	Rock	Schuhe
Socken	T-Shirt	Shorts	Kleid

Möbel → (S. 17/18)

Stuhl	Tisch	Bett	Sofa

Stuhl	Tisch	Bett	Sofa
Schrank	Schreib-tisch	Regal	Lampe

Lösungen – Klebe-/Lausch-Logicals

Gemüse → (S. 19/20)

Gurke	Möhre	Radies-chen	Blumen-kohl

Tomaten	Möhre	Radies-chen	Blumen-kohl
Gurke	Paprika	Kartoffeln	Salat

Kapitel 2

Beispiel Lausch-Logical → (S. 22/23)

Schildkröte	Meer-schweinchen	Vogel
Hase	Hamster	Hund
Maus	Katze	Fisch

Haustiere → (S. 24/25)

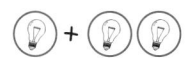

Hund	Fisch	Vogel
Katze	Hase	Meer-schweinchen
Schildkröte	Maus	Hamster

Obst → (S. 26/27)

Apfel	Melone	Ananas
Banane	Erdbeere	Birne
Pflaume	Kiwi	Trauben

Differenzierte Logicals · Klasse 2–4
Lesen, rätseln, kombinieren

Lösungen – Lausch-Logicals

Schulsachen → (S. 28/29)

💡 + 💡💡

Zirkel	Schulranzen	Schere
Kleber	Federmappe	Lineal
Bleistift	Anspitzer	Füller

Möbel → (S. 34/35)

💡 + 💡💡

Lampe	Stuhl	Regal
Schreibtisch	Bett	Schrank
Sessel	Tisch	Sofa

Fahrzeuge → (S. 30/31)

💡 + 💡💡

Motorrad	Schiff	Traktor
Straßenbahn	Fahrrad	Bus
Flugzeug	Zug	Roller

Gemüse → (S. 36/37)

💡 + 💡💡

Blumenkohl	Möhre	Tomaten
Paprika	Gurke	Radieschen
Kartoffel	Kürbis	Salat

Kleidung → (S. 32/33)

💡 + 💡💡

Rock	T-Shirt	Shorts
Socken	Hose	Kleid
Jacke	Schal	Schuhe

Differenzierte Logicals · Klasse 2–4
Lesen, rätseln, kombinieren

Lösungen – Tabellen-Logicals

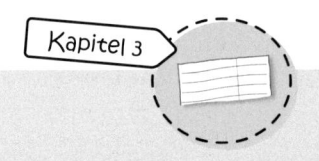

Beispiel Tabellen-Logical ➜ (S. 40)

	Tier 1	Tier 2	Tier 3
Name	Löwe	Giraffe	Krokodil
Größe	m: 2,5 m w: 1,75 m	m: bis zu 6 m w: bis zu 4,5 m	1,20 m bis über 6 m
Nahrung	Gazellen, Zebras, Gnus, Antilopen, Büffel	Blätter von Akazienbäumen	Fische, verschiedene Säugetiere

Haustiere ➜ (S. 41/42)

	Tier 1	Tier 2	Tier 3
Name	Hund	Meerschweinchen	Katze
Größe	15–110 cm Schulterhöhe	22–35 cm Länge	23–25 cm Schulterhöhe
Nahrung	Trockenfutter, Nassfutter	Trockenfutter, etwas Gemüse	Nassfutter, Trockenfutter, Mäuse, Vögel

	Tier 1	Tier 2	Tier 3	Tier 4
Name	Katze	Hund	Meerschweinchen	Wellensittich
Größe	23–25 cm Schulterhöhe	15–110 cm Schulterhöhe	22–35 cm Länge	15–20 cm Länge
Nahrung	Nassfutter, Trockenfutter, Mäuse, Vögel	Trockenfutter, Nassfutter	Trockenfutter, etwas Gemüse	Körner, Obst, Gemüse
Das braucht das Tier	Toilette, Bettchen	Leine, Schlafplatz	Käfig, Streu, Häuschen	Käfig, Kletterstangen

Lösungen – Tabellen-Logicals

Obst → (S. 43/44)

	Obstsorte 1	Obstsorte 2	Obstsorte 3
Name	Apfel	Banane	Erdbeere
Aussehen	rot, gelb, grün	gelb, teilweise braune Stellen	rot, grün
So wächst es	Obstbaum	Staude	kleiner Strauch, Feld

	Obstsorte 1	Obstsorte 2	Obstsorte 3	Obstsorte 4
Name	Ananas	Banane	Erdbeere	Apfel
Aussehen	gelblich-braun, mit langen, grünen Blättern	gelb, teilweise braune Stellen	rot, grün	rot, gelb, grün
So wächst es	Bromeliengewächs (Blätter mit Fruchtstamm)	Staude	kleiner Strauch, Feld	Obstbaum
Herkunftsland	Südamerika	Asien, westlicher Pazifik	Nordhalbkugel	Europa, Asien, Nordamerika

Schulsachen → (S. 45/46)

	Schulmaterial 1	Schulmaterial 2	Schulmaterial 3
Name	Radiergummi	Klebestift	Bleistift
Aussehen	unterschiedliche Formen und Farben, aus Gummi	länglich, rund, unterschiedliche Farben	länglich mit einer Spitze, rund oder leicht eckig
Dafür brauchst du es	Fehler entfernen	Dinge befestigen	schreiben/zeichnen

Lösungen – Tabellen-Logicals

	Schulmaterial 1	Schulmaterial 2	Schulmaterial 3	Schulmaterial 4
Name	Anspitzer	Radiergummi	Bleistift	Klebestift
Aussehen	mit oder ohne Auffangbehälter, Plastik mit Metallkante	unterschiedliche Formen und Farben, aus Gummi	länglich mit einer Spitze, rund oder leicht eckig	länglich, rund
Dafür brauchst du es	Bleistifte und Buntstifte anspitzen	Fehler entfernen	schreiben/zeichnen	Dinge befestigen
Preis	0,25 €–3,50 €	0,20 €–2,50 €	0,31 €–1,50 €	0,65 €–2,70 €

Fahrzeuge → (S. 47/48)

	Fahrzeug 1	Fahrzeug 2	Fahrzeug 3
Name	Motorrad	Flugzeug	(Reise-)Bus
Anzahl der Reifen	2 Reifen	bis zu 18 Reifen	6 Reifen
Höchstgeschwindigkeit	605 km/h	945 km/h	100 km/h

	Fahrzeug 1	Fahrzeug 2	Fahrzeug 3	Fahrzeug 4
Name	Flugzeug	(Reise-)Bus	Fahrrad	Motorrad
Anzahl der Reifen	bis zu 18 Reifen	6 Reifen	2 Reifen	2 Reifen
Höchstgeschwindigkeit	945 km/h	100 km/h	77 km/h	605 km/h
Wie viele Personen können mitfahren?	853 Personen	70 Personen	1–2 Personen	1–2 Personen

Differenzierte Logicals · Klasse 2–4
Lesen, rätseln, kombinieren

Lösungen – Tabellen-Logicals

Kleidung ➜ (S. 49/50)

	Kleidungsstück 1	Kleidungsstück 2	Kleidungsstück 3
Name	Pullover	T-Shirt	Jeans
Form	unterschiedlich, z. B. U-Boot-Ausschnitt, runder Halsausschnitt	lang/kurz oder schmal/weit	Bootcut, Slim fit, Straight
Rekord	26 Stück übereinander	60 m Länge	Levis 501 seit 1890 zu kaufen

	Kleidungsstück 1	Kleidungsstück 2	Kleidungsstück 3	Kleidungsstück 4
Name	Jeans	Pullover	Rock	T-Shirt
Form	Bootcut, Slim Fit	unterschiedlich, z. B. U-Boot-Ausschnitt, runder Halsausschnitt	A-Linie, Wickelrock, Mini, Bleistiftrock	lang/kurz oder schmal/weit
Rekord	Levis 501 seit 1890 zu kaufen	26 Stück übereinander	Schottenrock: Kilt	60 m Länge
Herkunftsland	USA	unbekannt	Europa	England

Möbel ➜ (S. 51/52)

	Möbelstück 1	Möbelstück 2	Möbelstück 3
Name	Bett	Stuhl	Tisch
Form	groß, meistens rechteckig	unterschiedliche Varianten, oft 4 Beine, Sitzfläche und Stuhllehne	rechteckige oder rundliche Platte, oft 4 Beine
Nutzen	zum Schlafen	zum Sitzen	du kannst etwas drauflegen oder davon essen

Differenzierte Logicals · Klasse 2–4
Lesen, rätseln, kombinieren

Lösungen – Tabellen-Logicals

	Möbelstück 1	Möbelstück 2	Möbelstück 3	Möbelstück 4
Name	Stuhl	Tisch	Sofa	Bett
Form	oft vier Beine, Sitzfläche, Stuhllehne	rechteckige oder rundliche Platte, oft vier Beine	Sitzfläche und Rückenlehne aus weichem Material	groß, meistens rechteckig
Nutzen	zum Sitzen	du kannst etwas drauflegen oder davon essen	zum Sitzen, Schlafen, Ausruhen	zum Schlafen
Kurioses	der Stuhl, auf dem die ersten beiden Bände von Harry Potter geschrieben wurde, ist für 57 000 € versteigert worden	der längste Tisch der Welt ist 39,80 m lang, aus einer 41 m langen Fichte gefertigt	zur Fußball-WM 2014 konnte jeder sein Sofa in ein Berliner Stadion tragen und dort Fußball gucken	in Texas (USA) hat sich jemand ein Hamburger-Bett genäht und kann sich jetzt mit einer Käsescheibe zudecken

Gemüse → (S. 53/54)

	Gemüse 1	Gemüse 2	Gemüse 3
Name	Tomaten	Spinat	Möhre
Aussehen	rundlich, rot oder gelb-orange	grüne, kleine Blätter	orange, länglich, mit Grün
Geschmack	süß und saftig	etwas bitter	süß und knackig

	Gemüse 1	Gemüse 2	Gemüse 3	Gemüse 4
Name	Spinat	Möhre	Gurke	Tomaten
Aussehen	grüne, kleine Blätter	orange, länglich, mit Grün	länglich, grün	rundlich, rot oder gelb-orange
Geschmack	leicht bitter	süß und knackig	wässrig und frisch	süß und saftig
Herkunftsland	Asien	nicht eindeutig	Indien	Mittel- und Südamerika

Lösungen – Ausmal-Logicals

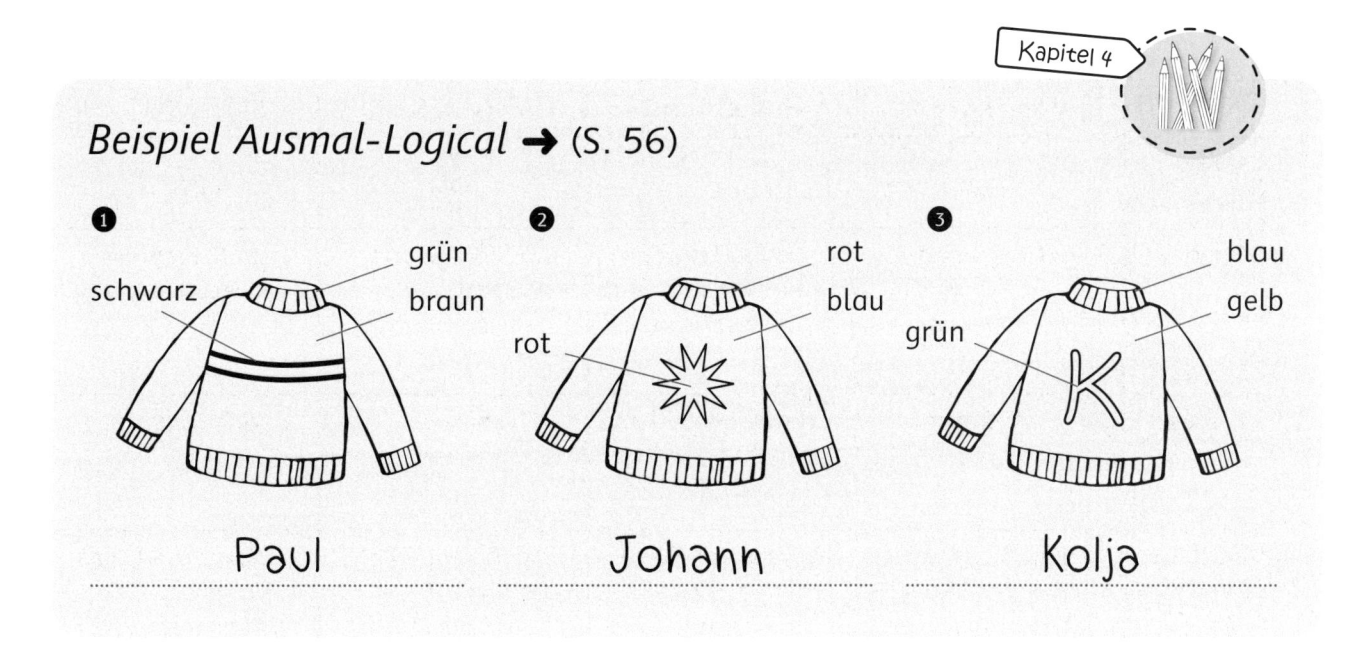

Kapitel 4

Beispiel Ausmal-Logical → (S. 56)

❶ Paul: schwarz, grün, braun
❷ Johann: rot, rot, blau
❸ Kolja: blau, grün, gelb

Haustiere → (S. 57/58)

Katze ❶: Bella, Fell weiß, Tisch blau, Ball orange, Strohhalm grün
Katze ❷: Mizi, Fell braun, Tisch braun, Ball blau, Strohhalm schwarz
Katze ❸: Timmi, Fell schwarz, Tisch rot, Ball grün, Strohhalm gelb

Katze ❶: Elvis, Fell weiß mit braunen Flecken, Tisch grün, Ball schwarz, Strohhalm orange
Katze ❷: Timmi, Fell schwarz, Tisch braun, Ball blau, Strohhalm gelb
Katze ❸: Mizi, Fell weiß, Tisch rot, Ball grün, Strohhalm lila
Katze ❹: Bella, Fell braun, Tisch blau, Ball orange, Strohhalm blau

Obst → (S. 59/60)

Teller ❶: Laura, roter Obstteller, blaue Trauben, 2 rote Äpfel, 1 gelbe und 1 grüne Banane, ½ Orange
Teller ❷: Nina, pinkfarbener Obstteller, grüne Trauben, 1 roter und 1 gelber Apfel, 2 gelbe Bananen, ½ Orange
Teller ❸: Ben, blauer Obstteller, blaue und grüne Trauben, 2 grüne Äpfel, 2 gelbe Bananen, ½ Orange

Teller ❶: Nina, pinkfarbener Teller, grüne Trauben, 1 roter und 1 gelber Apfel, 2 gelbe Bananen, ½ Orange
Teller ❷: Ben, blauer Teller, blaue und grüne Trauben, 2 grüne Äpfel, 2 gelbe Bananen, ½ Orange
Teller ❸: Jan, grüner Teller, blaue Trauben, 1 gelber und 1 grüner Apfel, 2 grüne Bananen, ½ Orange
Teller ❹: Laura, roter Teller, blaue Trauben, 2 rote Äpfel, 1 gelbe und 1 grüne Banane, ½ Orange

Schulsachen → (S. 61/62)

Federmappe ❶: Lina, Bleistift schwarz, Filzstifte (rot, blau, gelb, grün), Füller pink, Anspitzer grau, Lineal weiß, Radiergummi pink-weiß
Federmappe ❷: Mirja, Bleistift schwarz, Filzstifte (blau, rot, lila, pink), Füller rot, Anspitzer grün, Lineal blau, Radiergummi gelb-weiß
Federmappe ❸: Janis, Bleistift schwarz, Filzstifte (grün, blau, rot, schwarz), Füller blau, Anspitzer grün, Lineal rot, Radiergummi rot-weiß

Differenzierte Logicals · Klasse 2–4
Lesen, rätseln, kombinieren

Lösungen – Ausmal-Logicals

💡 **Federmappe ❶**: Till, Bleistift blau, Filzstifte (blau, grün, braun, gelb), Füller grün, Anspitzer schwarz, Lineal gelb, Radiergummi weiß-blau
Federmappe ❷: Mirja, Bleistift blau, Filzstifte (blau, rot, lila, pink), Füller rot, Anspitzer grün, Lineal blau, Radiergummi weiß-gelb
Federmappe ❸: Lina, Bleistift blau, Filzstifte (rot, blau, gelb, grün), Füller pink, Anspitzer grau, Lineal weiß, Radiergummi weiß-pink
Federmappe ❹: Janis, Bleistift blau, Filzstifte (grün, blau, rot, schwarz), Füller blau, Anspitzer grün, Lineal rot, Radiergummi weiß-rot

Fahrzeuge → (S. 63/64)

💡 **Fahrrad ❶**: Finn, Rahmen blau, Sattel grün, Lenker grün, Reifen schwarz
Fahrrad ❷: Laura, Rahmen rot, Sattel lila, Lenker rot, Reifen weiß
Fahrrad ❸: Niklas, Rahmen grün, Sattel braun, Lenker gelb, Reifen schwarz

💡 **Fahrrad ❶**: Luca, Rahmen schwarz, Sattel grau, Lenker gelb, Reifen weiß
Fahrrad ❷: Finn, Rahmen blau, Sattel grün, Lenker gelb, Reifen schwarz
Fahrrad ❸: Niklas, Rahmen grün, Sattel braun, Lenker gelb, Reifen schwarz
Fahrrad ❹: Laura, Rahmen rot, Sattel lila, Lenker rot, Reifen weiß

Kleidung → (S. 65/66)

💡 **Turnschuhe ❶**: Merle, Schuhe blau, Sohle weiß, Steifen gelb, Schnürsenkel pink
Turnschuhe ❷: Ida, Schuhe rot, Sohle blau, Streifen grün, Schnürsenkel grün
Turnschuhe ❸: Tim, Schuhe blau, Sohle schwarz, Streifen rot, Schnürsenkel grün

💡 **Turnschuhe ❶**: Merle, Schuhe blau, Sohle weiß, Streifen gelb, Schnürsenkel pink
Turnschuhe ❷: Ida, Schuhe rot, Sohle blau, Streifen grün, Schnürsenkel grün
Turnschuhe ❸: Tim, Schuhe blau, Sohle schwarz, Streifen rot, Schnürsenkel grün
Turnschuhe ❹: Dana, Schuhe pink, Sohle weiß, Streifen lila, Schnürsenkel weiß

Möbel → (S. 67/68)

💡 **Sofa ❶**: Mika, Sofa blau, Kissen groß rot, Kissen klein rot, Füße schwarz
Sofa ❷: Hanna, Sofa rot-weiß gestreift, Kissen groß blau, Kissen klein pink, Füße weiß
Sofa ❸: Erik, Sofa schwarz, Kissen groß grün, Kissen klein gelb, Füße schwarz

💡 **Sofa ❶**: Mika, Sofa blau, beide Kissen rot, Füße schwarz
Sofa ❷: Moritz, Sofa grau, Kissen groß gelb, Kissen klein schwarz, Füße gelb
Sofa ❸: Erik, Sofa schwarz, Kissen groß grün, Kissen klein gelb, Füße schwarz
Sofa ❹: Hanna, Sofa rot-weiß gestreift, Kissen groß blau, Kissen klein pink, Füße weiß

Pizza → (S. 69/70)

💡 **Pizza ❶**: Lukas, weiße Pilze, grüne Paprikastreifen, grüne Zucchinischeiben, rote Salamischeiben
Pizza ❷: Jana, weiße Pilze, gelbe Paprikastreifen, rote Tomatenscheiben, rote Salamischeiben
Pizza ❸: Finn: braune Pilze, rote Paprikastreifen, weiße Zwiebelscheiben, rote Salamischeiben

💡 **Pizza ❶**: Hanna, braune Pilze, gelbe und rote Paprikastreifen, grüne Zucchinischeiben, rote Salamischeiben
Pizza ❷: Jana, weiße Pilze, gelbe Paprikastreifen, rote Tomatenscheiben, rote Salamischeiben
Pizza ❸: Finn, braune Pilze, rote Paprikastreifen, weiße Zwiebelscheiben, rote Salamischeiben
Pizza ❹: Lukas, weiße Pilze, grüne Paprikastreifen, grüne Zucchinischeiben, rote Salamischeiben